일상의 그림책이
놀이로 연결되는

그림책
놀이
82

그림책 놀이 82

초판 1쇄 발행 2020년 1월 23일
초판 3쇄 발행 2022년 6월 17일

지은이 | 성은숙, 이미영, 이은주, 한혜전, 홍표선

발행인 | 최윤서
편집장 | 최형임
디자인 | 김수경
마케팅 지원 | 최수정
펴낸 곳 | 교육과실천
도서문의 | 02-2264-7775
인쇄 | 031-945-6554 두성 P&L
일원화 구입처 | 031-407-6368 (주)태양서적
등록 | 2018년 4월 2일 제2018-000040호
주소 | 서울특별시 중구 창경궁로 18-1 동림비즈센터 505호
ISBN 979-11-90113-06-9 (13370)

값은 표지에 있습니다.
저작권법에 따라 한국 내에서 보호를 받는 저작물이므로 무단 전재 및 복제를 금합니다.

일상의 그림책이
놀이로 연결되는

그림책
놀이
82

성은숙, 이미영, 이은주, 한혜전, 홍표선 지음

추천사

📖 아이들은 놀이밥을 먹고 자랍니다. 놀이로 몸과 마음의 힘을 키우고 더불어 살아가는 법을 배웁니다. 놀이밥에는 이야기 반찬이 빠질 수 없습니다. 거침없는 상상력으로 버무린 이야기는 놀이에 맛을 더합니다. 커다란 곰을 만나기도 하고 꽃과 이야기를 나누기도 합니다. 종이배를 타고 모험을 떠나기도 하고 나비와 친구가 되기도 합니다. 이야기 반찬을 만드는 데 그림책은 더없이 좋은 재료입니다. 유아교육 현장의 선생님들이 그림책으로 놀이를 맛나게 하는 다양한 요리법을 갈무리했습니다. 우리 아이들에게 맛있는 놀이밥과 이야기 반찬을 주고 싶은 모든 이들에게 아주 좋은 길잡이입니다. **최교진, 세종특별자치시 교육감**

📖 한 길을 걸어간다는 것은 보이지 않는 많은 가능성을 만나며 방향을 찾아가는 자국이 남아서 조금씩 그 모습이 드러나는 일이기도 합니다. '유아교육'이라는 길을 함께 걸으면서 그림책과 놀이 안에 담겨진 무한한 상상력을 찾아가고자 함께 만나고 고민하고 새롭게 실천한 선생님들의 시도에 박수를 보냅니다. 이 책은 '그림책과 놀이'에 관심을 가진 선생님들이 모여 그림책 안에 무한한 상상력과 가능성을 찾아가기 위해 상상하고, 시도해보고, 함께 즐겨보았던 실천 경험을 담고 있습니다. 무엇보다 선생님들이 유아와 함께 몸으로 표현하고, 상상하고, 변형하고, 창조하면서 놀이 흐름에 따라 함께 놀이하고자 실천했습니다. 유아교육 현장에서 교사와 유아들이 함께 참여하면서 놀이처럼 즐겁게 배울 수 있도록 지원해주는 선생님들의 경험과 지혜를 이 책을 통해 만나보시기를 추천합니다. **오채선, 한국교원대학교 유아교육과 교수**

📖 그림책과 놀이의 만남. 그림책과 함께하는 아이의 눈망울을 보면 얼마나 몰입하고 있는가를 알 수 있습니다. 아이들은 그림책 속에서 꿈을 꾸고 현실의 세계에서 경험해보지 못했던 것들을 경험하기도 합니다. 그림책 속의 놀이를 실제로 할 수 있다면 아이들은 얼마나 재미있고 행복할까요? 이 책 『그림책 놀이 82』는 훌륭한 그림책들을 소개함과 동시에 아이들의 판타지를 훼손하지 않고 즐거운 놀이로 접근하고 진행하는 법에 대해 친절하게 안내해주고 있습니다. 2019 개정 누리과정의 방향과 발맞추어 유아들의 행복한 놀이를 꿈꾸는 열정적인 교사들과 어른들에게 이 책을 꼭~! 권해주고 싶습니다. **이순오, 전라남도무안교육지원청 장학사**

📖 이 책은 아이들의 기본생활습관 형성부터 타인과의 관계 맺기, 자연과 친숙해지기, 다양한 심리적 어려움을 보이는 아이들에 대한 현장 교사들의 많은 고민을 아이들에게 친숙한 그림책으로 접근하고 있습니다. 그림책을 통해 마음을 공감해주고 즐거운 놀이로 풀어낼 수 있음을 알려주는 마치 '신선한 답'을 주는 책입니다.

아이들의 갈등 상황, 심리적 문제에 관한 도움을 주기 위해 그동안 현장에서는 아이의 상황에 따른 감정을 읽어내며 공감해주기, 색다른 방법으로 접근해보기 등 마음의 안정부터 행동의 변화를 끌어내기 위한 지도를 꾸준히 해왔습니다. 그러나 '아이와 함께'가 아닌 교사가 무언가를 해주려고 했던 지원 측면에서의 방법들만을 고민하고 시도해보면서 교사로서의 역할을 충분히 했다고 여겨왔을지도 모릅니다. 하지만 어찌 보면 당사자는 배제된 교사의 '일방적 지원'이 아니었을까요?

이 책은 교사의 일방적인 지원이 아닌, 아이가 직접 '그림책 속의 주인공도 나 같은 경험이 있구나!'라는 동질감과 위안을 느끼게 합니다. 또한 또래와의 즐거운 놀이를 통해 더 자연스럽고 편안하게 아이의 마음과 상황을 해소하는 데 도움을 줄 수 있다고 말합니다. 이 책을 읽고 있노라면 '즐기는 놀이'에서 더 나아가 아이들의 마음을 치유해주는 '특별한 놀이'라는 생각까지 듭니다. 그 '특별한 놀이' 방법을 알고 싶다면, 이 책에서 그 팁을 얻길 바랍니다. **최미영, 소라유치원 원장**

📙 다섯 자녀를 키울 때 많은 그림책이 든든한 친구가 되어주었습니다. 그림책을 읽고 다양한 놀이를 하곤 했지요. 어느덧 막내가 초등학교에 갑니다. 이 책이 좀 더 일찍 나왔더라면 얼마나 좋았을까, 아쉽습니다. 그만큼 이 책은 자녀를 키우는 부모, 어린이집, 유치원, 초등학교 선생님들에게 큰 힘이 되어줄 겁니다. 이로 인해 아이들은 즐거움과 위로, 용기와 지혜가 쑥쑥 자랄 것입니다. 다양한 주제의 그림책 놀이가 소개되는데, 특히 문제해결놀이는 즐겁고 평화로운 학급을 만드는 데 큰 도움이 되리라 기대합니다. **정유진, 사람과교육연구소 대표**

📙 그림책 이론가 마쯔이 다다시는 그림책을 읽어주는 것의 효과를 "조그만 씨앗이 어린이의 마음 속에 남아 그것이 긴 세월을 거쳐 여러 가지 체험과 사색을 통하여 싹트고 발전하고 성장하는 것"이라고 비유하였습니다. 유아교육 기관에서 그림책 읽어주기는 매우 중요한 활동이며, 교사가 어떤 그림책을 선정하고 어떻게 읽어주고 상호작용하느냐에 따라 유아의 반응은 달라집니다.

선생님표 책 놀이 가이드인 이 책은 작품성이 있고 교육적으로 적합한 양질의 그림책을 선정하여 뻔하지 않은 참신하면서도 흥미로운 활동을 담고 있어 유치원 현장의 선생님들에게 매력적인 책이며 쉽게 다가갈 수 있을 것입니다. 또한, 다양한 놀이 방법의 팁이 구체적으로 기술되어 있어 현장 적용에 아주 적합하며, 그림책을 적절하게 읽어주는 데 필요한 실천적 지식을 쌓고 전문성을 기르는 데 도움을 줄 수 있습니다.

아울러 그림책 놀이로 행복한 교육에 앞장서시는 전국의 유치원·초등학교 선생님뿐만 아니라 엄마들에게도 동반자와 같은 지침서가 될 수 있기를 기대하며 적극 추천합니다.
이현주, 스토리텔링 창의교육연구소 대표, 그림책놀이 전문가

📖 그림책을 놀이로 경험하는 행복한 아이들.『그림책 놀이 82』는 '노는 방법을 아는 것은 행복한 재능이다' 라는 랠프 월도 에머슨의 명언을 그대로 실천한 책이라고 해도 과언이 아닙니다.『그림책 놀이 82』는 유아들을 무한한 상상력의 세계로 초대하는 그림책을 매개로 즐거운 놀이가 어울려 펼쳐지는 '행복한 만남과 성장' 이 있는 생동감 있는 현장 이야기입니다.

그림책이 열어주는 이야기 세계와 상상과 재미로 가득 찬 놀이를 유아는 어떻게 연결해가는지 그리고 그 과정에서 교사는 유아와 어떻게 상호작용하며, 유아의 경험과 상상이 고스란히 드러나는 놀이라는 렌즈를 통해 유아의 삶을 깊이 이해하는지에 대한 '즐거운 배움과 발견' 이 있는 놀이 지침서가 될 것입니다. 유아의 삶이 곧 놀이이며, 놀이가 유아를 자라게 한다는 행복한 동행이 되는 마음이 따뜻해지는 보물 같은 책입니다. **김부영, 율봉유치원 교사**

📖 "선생님~ 책 읽어주세요!" 아이들은 하루에도 몇 번 씩 그림책을 가져옵니다. 교사에게는 자칫 귀찮은 일이라 여겨질 수도 있지만, 삶이 놀이인 아이들에게 그림책은 무한한 상상력과 새로운 놀이들을 풀어내는 공간이므로, 의미 있는 그림책은 아이들의 마음을 성장시키고 다양한 놀이로 연결됩니다. 이 책은 그림책과 연계한 다양한 놀이를 소개하여 아이들의 놀이를 뒷받침해주는 교사 역할의 중요성을 알려줄 뿐만 아니라, 놀이를 지지하고 지원할 수 있는 아이디어를 제공하여 현장 교사들의 고민을 해결해줄 선물과 같은 책입니다. **박유진, 구립대현어린이집 교사**

📙 『그림책 놀이 82』는 "지식보다 중요한 것은 상상력이다"라고 한 천재 과학자 아인슈타인의 말을 행동으로 실천한 책입니다. 어른과 아이가 함께 읽을 수 있는 그림책은 지식보다 상상력을 키워주는 놀이에 가깝습니다. 그렇기에 이 책은 그림책 읽기와 놀이를 병행하여 아이들의 상상력을 자극시켜 주는 좋은 소재가 될 수 있습니다. 책을 읽는 내내 선생님들의 따뜻한 감성과 아이들의 순수함에 절로 미소가 지어집니다. 아이들과 실천한 생생한 그림책 놀이는 읽는 이로 하여금 실행해보고 싶은 의지를 불러일으킵니다. 저학년 자녀를 둔 독자로서 책을 덮고 당장 그림책 놀이를 하고 싶습니다. 신체적 표현을 즐기는 유아기 아이들은 물론 초등 저학년 어린이에게 행복한 그림책 놀이가 될 것 같습니다. **김혜영, 공도초등학교 교사**

📙 아이들의 삶은 곧 놀이라고 합니다. 아이들을 가르치는 교사로서 평소 관찰한 아이들의 모습에서 아이들은 본능적으로 놀이를 찾아서 할 줄 알고 그 놀이는 곧 하나의 연극이 된다고 생각하고 있었습니다.

이번에 접한 『그림책 놀이 82』는 단순한 나의 생각을 더 확실히 확인하게 해준 책입니다. 유치원 아이들이 얼마나 창의적으로 놀이를 창조할 수 있는지 알 수 있었고 그림책과 관련하여 다양한 놀이 아이디어를 제공해주는 선생님들의 시선이 신선하게 느껴졌습니다. 아이들을 사랑하고 관심을 가지는 교사가 아니라면 발견하지 못했을 다양한 상황에 대해서도 따뜻한 시선으로 묘사되는 글들을 보면서 책을 읽는 것이 아니라 한 편의 드라마를 보는 듯 느껴지기도 했습니다. 교사로서 평소 그림책을 활용한 수업에 관심이 있었는데, 이 책을 통해 다양한 수업 아이디어를 얻을 수 있었으며 아이들을 바라보는 시선을 더 섬세하게 가질 수 있게 되었습니다.

그림책 놀이 수업이야말로 온작품 읽기의 첫 시작이라는 생각이 들고 유치원에서 그림책 놀이를 통해 해보았던 활동들이 초등학교 입학하고 나서의 낯선 학교생활에 대한 준비도 되어줄 것입니다. 많은 분이 읽고 함께 그림책 놀이의 세계에 빠져들었으면 하는 바람입니다.

강민정, 만정초등학교 교사

📙 충분히 놀아야 배울 수 있는 힘이 길러지고 성장해서도 스스로 학습할 준비가 됩니다. 놀이는 인생이라는 집을 짓는 데 벽돌을 제공하고, 놀이가 제공한 인생의 벽돌로 자신의 미래를 지어나가는 것입니다. 그러면서 균형 잡히고 타인과 잘 어울리며 사려 깊은 어른으로 성장해나가게 되는 것입니다. 이런 점에서 놀이와 그림책의 만남을 주목하지 않을 수 없습니다.

이 책의 매력은 그림책 속의 재미난 얘기와 더불어 관계, 습관, 감정의 표현과 조절 등의 요소를 교실 안과 밖에서 현직 교사들이 놀이 방법과 풍경까지 생생하고 친절하게 전달하는 데 있습니다. 게다가 놀이 과정에 교사가 크게 개입하지 않고 아이들 스스로 해결하도록 지원하는 것을 강조합니다.

이야기 기억은 사라져도 감정 기억, 혹은 몸의 기억은 사라지지 않는다고 합니다. 만들고 그리는 놀이를 넘어 몸으로 표현하는 신체놀이는 그래서 매력적입니다. 한 권의 그림책으로 매번 다른 놀이가 가능할 것입니다. 그런 의미에서 이 책은 엄마 아빠에게는 좋은 가이드북이며, 새내기 교사에게는 교과서입니다.

그림책 육아 서적은 빼놓지 않고 찾아보지만 놀이에 포커스를 맞춰 느리게 책 읽는 법을 보여주는 점에서 이 책을 만나게 된 것은 행운입니다. **해인맘, 새뜸유치원 학부모**

차 례

추천사

들어가며_ 그림책과 놀이의 즐거운 만남 **016**

1장 　생각이 깨어나는 상상 놀이

함께 상상여행을 떠나요 __곰 사냥을 떠나자 **026**

　곰 사냥을 떠나자! 마임 놀이 **028** • 그림책 속 소리와 만나는 자연물 악기 놀이 **030**

만두를 만들어요 __손 큰 할머니의 만두 만들기 **032**

　덩덩 쿵덕쿵! 만두 반죽 줄 놀이 **034** • 덩덩 쿵덕쿵! 짧은 줄 만두 놀이 **036** • 내 몸으로 만드

　는 만두소 **038**

어서 와, 글자야! __움직이는 ㄱㄴㄷ **040**

　움직이는 글자 정거장 **042** • 글자 카페 **044**

상상 속의 친구 __괴물들이 사는 나라 **046**

　우르릉 쾅쾅 스카프 미션 **048** • 괴물과 나 **050**

비 오는 날의 풍경 __노란 우산 **052**

　우산을 쓰고 걷자 **054** • 신문지 비가 내려요 **056** • 우산으로 무얼 만들까요? **058**

무엇이든 뚝딱! __마술 연필 **060**

　마술 텔레비전 **062** • 행복한 동물 마을 만들기 **064**

마음을 보아요 __마음 **066**

　우리 반 마음 공원 **068** • 감정 표지판 뾱뾱이 길 **070**

2장 감성이 톡톡 인성놀이

우리 친구할까? __친구는 좋아 074
    사랑의 인사 나누기 076 • 친구야 놀자 078 • 반갑다 친구야 080

내가 손잡아 줄게 __숲속 작은집 창가에 082
    생각 신호등 토론 놀이 084 • 사랑의 고리 연결하기 086 • 빙고 놀이 088

나비야 이리 날아오렴 __나비 엄마의 손길 090
    나비 엄마를 위한 꽃밭 꾸미기 092 • 꿀을 찾는 나비 094 • 나비가 되었어요 096

돼지와 늑대가 친구가 되었대요 __아기돼지 삼형제 098
    돼지네 집짓기 100 • 늑대네 집짓기 102 • 늑대 집에 놀러 가요 104

우리 동네에 놀러 오세요 __우리 동네 한 바퀴 106
    우리 동네를 만들어요 108 • 내가 살고 싶은 동네 바닥화 그리기 110

풍선이 만드는 새로운 세상 __빨간 풍선의 모험 112
    색종이로 풍선 만들기 114 • 새로운 이야기 만들기 116

종이배로 즐기는 뱃놀이 __검피 아저씨의 뱃놀이 118
    신문지 패션쇼 120 • 구명조끼가 비가 되었어요 122 • 뱃놀이 가요 124

3장 마음이 자라나는 자연놀이

봄놀이, 꽃놀이 __달래네 꽃놀이 **128**
　꽃 카나페 만들기 **130** • 꽃신 신고 나들이 **132** • 감꼭지 브로치 만들기 **134**

그림자를 보았나요? __그림자 놀이 **136**
　그림자를 찾아라 **138** • 조명을 이용한 그림자극 놀이 **140**

비 오는 날이 좋아요 __야, 비 온다 **142**
　나만의 멋진 우산 만들기 **144** • 비 오는 날 산책하기 **146**

산책에서 만난 즐거움 1 __이건 막대가 아니야 **148**
　나뭇가지 놀이 **150** • 자연물 액자 만들기 **152**

산책에서 만난 즐거움 2 __너는 어떤 씨앗이니? **154**
　씨앗과 열매로 놀아요 **156** • 꽃으로 놀자 **158** • 봉숭아 물들이기 **160**

줄이 좋아요 __앗! 줄이다! **162**
　바깥에서 하는 줄 놀이 **164** • 교실에서 하는 줄 놀이 **166** • 줄을 이용한 손끝 놀이 **168**

4장 행동과 감정을 조절하는 문제해결놀이

규칙을 만들어요 __도서관에 간 사자 172
　나도 도서관 사자처럼 174 • 사자도 규칙이 있을까요? 176

정리정돈을 잘 해요 __구름빵 뒤죽박죽 방 치우기 178
　상상 속의 장난감 요정아 나와라 180 • 정리정돈 요정 어벤져스 182 • 요건 몰랐지? 184

행동을 조절해요 __유치원에 심술쟁이가 있어요 186
　주먹 탑을 쌓아라 188 • 바꿔 바꿔 마음 놀이 190

어떻게 해야 하지? __만지지 마, 내 거야! 192
　그래! 결정했어! 194 • 징검다리 건너기 196

올바른 양치 습관을 길러요 __치카치카 군단과 충치 왕국 198
　세균을 잡아라! 200 • 치카치카 양치를 해요 202

긍정적 타임아웃 __제라드의 우주쉼터 204
　우주정거장으로 떠나요 206 • 우리 반 쉼터 208

감정을 조절해요 __소피가 화나면 정말 정말 화나면 210
　나도 소피처럼 212 • 기분이 좋아지는 약! 화를 푸는 약! 214

걱정아, 사라져라! __걱정 상자 216
　걱정~ 골인! 218 • 걱정 기차가 출발합니다 220 • 걱정 비행기와 기쁨 풍선 222

5장 소통하고 관계를 맺는 문제해결놀이

힘이 되는 말 __세상에서 가장 힘이 센 말 226
　사랑은 편지를 타고 228 • 힘을 주는 쪽지 230

귀 기울여 들어요 __다른 사람이 말할 때 끝까지 잘 들어보렴 232
　숫자만큼 콩콩콩 234 • 동요를 들어봐 236 • 쉿! 잘 들어봐! 238

긍정의 마음 __에드와르도 세상에서 가장 못된 아이 240
　긍정 밥상과 부정 밥상 242 • 마음을 표현해봐 244

엄마, 다시 만나요 __우리는 언제나 다시 만나 246
　까꿍 놀이 248 • 한 걸음 놀이 250

모두 사이좋게 지내요 __끼리끼리 코끼리 252
　모두 모여라 254 • 모두 함께 줄 놀이터 256

친구와 함께 __혼자가 아니야 바네사 258
　왔다 갔다 비눗방울 260 • 둘이 하는 악기 연주 262 • 함께 만드는 놀이터 264

나가며 266

이 책에 소개된 도서 목록

걱정 상자 216
검피 아저씨의 뱃놀이 118
곰 사냥을 떠나자 026
괴물들이 사는 나라 046
구름빵 뒤죽박죽 방 치우기 178
그림자 놀이 136
끼리끼리 코끼리 252

나비 엄마의 손길 090
너는 어떤 씨앗이니? 154
노란 우산 052

다른 사람이 말할 때 끝까지 잘 들어보렴 232
달래네 꽃놀이 128
도서관에 간 사자 172

마술 연필 060
마음 066
만지지 마, 내 거야! 192

빨간 풍선의 모험 112

세상에서 가장 힘이 센 말 226
소피가 화나면 정말 정말 화나면 210
손 큰 할머니의 만두 만들기 032
숲속 작은집 창가에 082

아기돼지 삼형제 098
앗! 줄이다! 162
야, 비 온다 142
에드와르도 세상에서 가장 못된 아이 240
우리 동네 한 바퀴 106
우리는 언제나 다시 만나 246
움직이는 ㄱㄴㄷ 040
유치원에 심술쟁이가 있어요 186
이건 막대가 아니야 148

제라드의 우주쉼터 204

치카치카 군단과 충치 왕국 198
친구는 좋아 074

혼자가 아니야 바네사 258

> 들어가며

그림책과 놀이의 즐거운 만남

그림책으로 자라나는 아이들

그림책은 아주 오랜 시간 아이들과 함께해온 좋은 친구이자 놀잇감입니다. 유아기는 삶의 질을 결정하는 매우 중요한 시기이며 이 시기에 그림책을 읽으며 자란 아이들은 몸과 마음, 생각이 건강해집니다. 그림책이 어떻게 아이들의 몸과 마음을 건강하게 할까요? 아기들의 모습을 살펴보겠습니다.

막 세상에 태어난 아기들은 한동안 생존을 위한 시간을 보냅니다. 자신에게 먹을 것을 주고 기저귀를 갈아주는 사람의 소리를 듣습니다. 주변에서 들리는 소리에 귀를 기울이고 조금씩 반응합니다. 가장 가까이에 있는 엄마의 다정한 목소리에 익숙해지면서 안정감을 느낍니다. 엄마의 말소리와 노랫소리 그리고 따뜻한 체온을 느끼며 엄마와의 애착이 이루어집니다.

시간이 조금 더 지나 혼자서 앉아 있게 될 정도로 자라면, 손에 잡히는 것은 뭐든지 입으로 가져갑니다. 침을 잔뜩 묻히면서 이리저리 탐색을 합니다. 이 시기가 되면 엄마는 아기에게 더 다양한 자극이 필요하다는 것을 알게 되지요. 아기가 오감으로 세상을 느끼길 바라며 보고 듣고 만지고 느낄 수 있는 환경을 만들어줍니다. 엄마가 준비할 수 있는 다양한 자극 가운데 하나가 바로 그림책입니다. 아기는 엄마가 보여주는 그림책 장면에 관심을 보이고 주의 깊게 쳐다봅니다. 친근한 엄마의 목소리와 함께 보이는 그림책 세상이 신기하고 재미있다고 느끼게 되지요.

조금 더 아이가 자라서 유치원에 다닐 나이가 되면, 좋아하는 그림책이 생깁니다. 좋아하는 그림책을 찾아와 엄마나 유치원 선생님에게 반복해서 읽어달라고 합니다. 그림책을 읽을 때 어른들은 글에 눈이 먼저 가지만, 아이들은 그림을 먼저 봅니다. 그래서 보일 듯 말 듯, 숨어 있는 작은 그림도 아이들은 잘 찾아냅니다. 아직 글 읽기에 서툰 유아기 아이들은 눈으로는 그림을 보고 귀로는 소리를 들으며 정보를 모읍니다. 그림책을 읽는 동안 눈과 귀를 이용해 그림책의 그림과 내용에 몰입합니다. 집중해서 그림책을 읽고 나면 "아, 재미있다. 또 읽어주세요"라고 합니다.

무한한 상상력의 세상을 경험합니다

그림책이 재미있는 이유는 현실에서는 만나보지 못했던 다양한 등장인물을 만날 수 있기 때문입니다. 우주인이나 도깨비, 무시무시하게 생긴 동물도 그림책에서는 만날 수 있습니다. 신기한 모습의 나무와 식물을 만나기도 하고, 다채로운 말과 색깔의 아름다움, 놀라운 상상의 세계를 만나기도 합니다. 그림책을 통해 경험하는 세계는 유아의 감정을 재확인시켜주고, 현실에서 겪는 갈등을 해소해주기도 합니다. 또한, 무한한 상상력을 키워주고 언어적 발달이 이루어지면서 세상을 바라보는 시야를 넓혀줍니다. 원래 상상하기를 좋아하는 유아기 아이들에게 그림책은 또 다른 세계로 들어가는 문이 되어줍니다.

귀 기울여 듣는 힘이 길러집니다

모든 배움은 '듣기'에서 시작합니다. 엄마와 아빠 또는 선생님이 읽어주는 그림책의 이야기를 듣다 보면, 어느 순간 말과 글이 마치 살아 있는 것처럼 꿈틀꿈틀 움직이기 시작하면서 아이들 속으로 들어갑니다. 그렇게 아이들은 그림책 속의 주인공이 되고, 꽃이 되고 나비가 됩니다. 듣는 과정을 통해 정보를 모으고, 모인 정보는 이야기를 해석하는 힘을 길러 줍니다. 이렇듯 유아기에 그림책을 많이 접한 아이들은 귀 기울여 듣는 힘을 기를 수 있습니다.

감정이입을 통한 공감 능력이 생깁니다

그림책은 아이들의 공감 능력을 향상시켜 줍니다. 아이들은 그림책을 읽을 때, 인물들의 다양한 감정을 이해하고 마치 자신이 그림책 속 주인공이 된 듯 즐거워하고 슬퍼하기도 합니다. 주인공이 슬퍼하면 따라서 슬퍼하고, 기뻐하면 따라서 즐거워합니다. 이러한 감정이입을 통한 공감 능력은 타인의 생각과 마음을 이해하는 데 도움을 줍니다. 공감은 인간관계를 형성하는 데 매우 중요한 사회적 기술입니다. 공감을 잘하는 아이들은 성장하면서 사회성이 향상되고 자신감을 갖게 됩니다.

바른 인성을 갖습니다

그림책은 아이의 마음과 행동을 움직여 바른 마음, 고운 생각을 할 수 있도록 마음 지킴이가 되어줍니다. 언젠가 그림책에서 주인공이 불쌍한 강아지를 입양하는 것을 본 아이가 버려진 강아지를 보고 불쌍히 여기는 마음으로 엄마에게 강아지를 키우고 싶다고 말합니다. 또 어떤 아이는 울고 있던 친구의 눈물을 닦아주는 그림책의 장면을 떠올리며 교실에서 놀이하다 아파서 울고 있는 친구의 눈물을 닦아줍니다. 좋은 그림책은 아이들에게 배려하는 마음을 가르쳐주는 좋은 선생님이 되어줍니다.

놀이에서 배우는 아이들

아이들은 놀면서 배웁니다. 돌멩이 하나, 나뭇가지 몇 개만 가지고도 놀이를 생각해냅니다. 아이들은 본래 새로운 것을 만들어내고 변형하고 확장할 수 있는 힘을 갖고 있습니다. 놀이 속에서 세상을 배우고 약속과 규칙을 알아가기 때문에 놀이는 축소된 세상이며, 어른이 되기 위해 미리 해보는 연습이기도 합니다.

아이들에게 먹고 자는 것만큼 중요한 놀이가 요즘엔 시간과 공간의 제한을 받는 것 같아 안타까울 때가 있습니다. 유엔아동권리협약 제31조에는 "모든 아동은 적절한 휴식과 여가 생활을 즐기며 문화 활동에 참여할 권리를 가진다"라고 명시되어 있습니다. 아이들의 놀 권리, 쉴 권리를 생각해야 할 때입니다. 학습은 '일'이지만 놀이는 '일'이 아닙니다. '일'은 일정한 목적을 달성하기 위해 때로는 어려움을 참아가며 참여하는 활동입니다. '놀이'는 자발적이고 즐거움과 재미를 동반하는 가장 자유롭고 편안한 인간 활동으로 그런 점에서 '일'과 다릅니다.

아이들은 놀이를 하면서 대근육, 소근육을 자유롭게 사용하기 때문에 신체의 성장뿐만 아니라 기본적인 운동 능력이 향상됩니다. 예전에는 '골목 문화'라는 것이 있었습니다. 약속이라도 한 것처럼 골목길에 아이들이 하나, 둘씩 모여듭니다. 고무줄놀이, 공기놀이, 딱지치기…. 골목은 놀이가 만들어졌다가 사라지고 다시 생겨나는 곳이었습니다. 처음 본 아이와도 친구가 되는 마법 같은 장소에서 배꼽시계가 울릴 때까지 놀다 보면, 자연스럽게 키가 크고 몸이 튼튼해집니다. 기초체력이 약해진 우리 아이들에게 다시 마음껏 뛰어놀 수 있는 놀이터가 필요한 이유입니다.

놀이는 건강한 신체를 위해서만 유익한 것이 아니라 정서적 영역에도 유익합니다. 아이들이 또래 친구들과 신나게 놀다 보면 다투거나 싸우는 일도 생깁니다. 타협을 하거나 조율할 일이 생길 때 놀이를 더 재미있게 만들기 위해 서로 의논하고 생각을 맞추다 보면 합의점을 찾아갈 수 있습니다. 잘 놀 줄 아는 아이들이 곧 문제를 해결할 힘을 갖게 되는 것이지요. 그리고 각자에게 맡겨진 역할을 수행하며 협동심과 공동체 의식을 갖게 됩니다. 정서적 유대감은 인간관계의 출발입니다. 몸과 마음이 자연스럽게 건강해지는 '놀이'를 아이들에게 돌려주어야 합니다. 다시 아이들이 신나게 뛰어 놀 수 있도록, 놀이에 몰입할 수 있는 교육 환경이 마련되어야 합니다.

그림책, 놀이가 되다

그림책은 그 자체로 매력적인 놀잇감입니다. 그림책을 활용하여 놀이를 하면 더 재미있고 다양한 놀이를 할 수 있습니다. '오늘은 뭐하고 놀지?' 고민이 된다면 그림책을 살펴보세요. 좋은 그림책을 읽고 그림책 안에 숨겨진 놀 거리를 찾아 아이들과 함께 한바탕 놀아보면 그림책이 참 매력적인 놀잇감이란 것을 알 수 있습니다.

교사들은 놀이의 중요성을 잘 알고 있고 교육에 놀이를 적극적으로 활용하려고 노력하고 있지만, 여전히 넘어야 할 산이 많습니다. 유치원에서는 교사 한 명이 담당해야 하는 아이의 수가 여전히 많은 편입니다. 아이들의 다양한 흥미와 욕구도 중요하고, 다치지 않고 안전하게 노는 것도 중요합니다. 그래서 교사들은 자유놀이 시간에 고민이 참 많습니다. 그림책은 그런 고민에 답을 줍니다. 아무런 준비물이 없어도 아이들의 기발한 아이디어 속에서 놀이가 진행될 수도 있습니다. 시작은 부족하지만, 결국 아이들은 놀이를 채워갑니다.

교사는 아이들의 놀이를 지원해주어야 합니다. 교사가 놀이를 제안하여 시작했을지라도 아이들의 생각을 따라 놀이가 변형되거나 확장될 수 있습니다. 때로는 상황에 따라 아이와 함께 놀 수도 있고 놀이를 제안할 수도 있습니다. 놀이에서 교사와 아이는 수직적 관계가 아니라 수평적 관계가 됩니다.

아이들이 놀이의 주체가 되기 때문에 모두가 주인공이 됩니다. 그림책으로 시작한 놀이가 또 다른 놀이로 바뀌어가는 과정에서 아이들은 서로의 생각을 듣고 존중하고 협력합니다. 모두가 행복하고 소외되지 않도록 교사는 아이들의 목소리에 귀를 기울여야 합니다.

상상놀이

상상력은 인류가 발전하는 데 매우 큰 역할을 한 중요한 힘입니다. 천재 과학자 아인슈타인은 "지식보다 중요한 것은 상상력이다"라고 말했습니다. 지금 우리가 사용하고 있는 대부분의 발명품은 누군가의 상상에서 시작한 것입니다. 에디슨의 상상력에서 전구가, 라이트 형제의 상상력에서 비행기가, 스티브 잡스의 상상력에서 아이폰이 나왔습니다. 이러한 상상력의 결과물은 우리 생활 속 다양한 영역에서 놀라운 변화를 일으켰습니다. 미래 사회를 이끌어갈 아이들에게 상상력을 키워줄 수 있는 그림책 놀이는 교육적 의미가 있습니다.

예를 들어, 앤서니 브라운의 『마술 연필』은 아이들의 호기심을 자극하면서 마술 연필을 가진 꼬마 곰을 따라 즐거운 그림 여행을 할 수 있습니다. 꼬마 곰은 위기의 순간에 재치 넘치는 방법으로 그 순간을 모면합니다. 우리에게 무엇이든 그릴 수 있는 마술 연필이 있다면 얼마나 좋을까요? 마술 연필로 내가 만나고 싶은 것, 그리고 싶은 것, 바라는 것을 그릴 수 있어서 마음 여행, 상상 여행을 자유롭게 떠날 수 있습니다. 상상놀이를 통해 아이들은 현실 속 크고 작은 문제들을 해결해가면서 꿈을 키워갑니다.

인성놀이

새 학기가 되면 아이들은 유치원의 낯선 환경, 낯선 사람들 사이에서 잘할 수 있을까 걱정하는 마음이 생깁니다. 아이들의 긴장한 마음을 풀어주는 것이 교사의 역할이기 때문에 교사는 아이의 눈높이에 맞춰 다가가는 것이 좋습니다. 이를 위해 아이들의 마음을 읽어줄 수 있는 그림책을 찾아 읽어줍니다. 그림책을 읽어주며 아이들이 편안한 마음을 갖게 하고 다른 친구들의 생각을 읽을 수 있도록 돕습니다. 그림책 놀이를 통해 서로를 알아가는 시간을 가질 수 있습니다. 이런 시간을 통해 어색한 분위기를 풀고, 마음과 마음이 연결될 수 있습니다.

『친구는 좋아』를 읽고 친구의 특징을 찾아 이름을 부르는 '반갑다 친구야' 놀이를 해봅시다. 친구들과 빨리 친해지고 서로를 알게 되는 기회가 됩니다. "친구와 사이좋게 지내야 해", "친구 이름을 외워보세요"라고 하며 교사가 이끌거나 가르치는 것이 아니라 자연스러운 방법으로 친구를 사귈 수 있습니다.

자연놀이

그림책에는 자연에 관한 이야기가 특히 많습니다. 아이들의 동심을 담아내기에 자연이 어울리기 때문일 것입니다. 아이들의 마음은 자연과 닮아 있습니다. 자연처럼 아이들은 순수하고 맑습니다.

예를 들어 『너는 어떤 씨앗이니?』는 작은 씨앗 하나에서 이야기가 시작됩니다. 모든 아이는 씨앗이며 그들만의 아름답고 향기 나는 꽃을 피울 수 있다는 이야기를 전합니다. 씨앗과 꽃이라는 자연물을 통해 어린이들에게 꿈의 소중함을 말합니다. 그냥 지나쳐버리면 보이지도 않는 작은 씨앗 하나에 나무도 들어 있고 맛있는 열매도 들어 있습니다. 씨앗이 생명을 품은 작은 우주라는 것을 발견하는 것만으로도 세상을 바라보는 시선이 따뜻해집니다.

자연에서 놀 때 가장 중요한 것은 '자세히 살펴보기' 입니다. 관찰은 놀이의 시작이자, 끝입니다. 자연에서 일어나는 일을 가만히 지켜보는 것만으로도 놀이가 시작됩니다. 나무의 무늬를 살펴보고, 구름의 움직임을 따라 상상의 나래를 펴는 등의 모든 것이 자연과 함께하는 놀이가 됩니다. 직접 만져보고, 냄새를 맡아보고 살아 있는 자연을 눈에 담는 과정에서 아이들은 자신도 자연의 일부임을, 자연에 속한 소중한 생명임을 자연스럽게 알아갑니다. 내가 소중하듯 들판에 핀 풀꽃 하나도, 이름 모를 작은 벌레 한 마리도 소중하게 가치 있다고 여기는 마음을 자연놀이를 통해 알아갑니다.

문제해결놀이

간접 경험을 할 수 있는 여러 가지 상황과 다양한 감정을 표현해낸 그림책은 아이들이 일상생활에서 부딪히는 갈등 상황을 지혜롭게 해결해나갈 수 있도록 도와줍니다.

예를 들어 『소피가 화나면 정말 정말 화나면』의 주인공인 소피는 언니에게 고릴라 인형을 뺏겨 몹시 화가 났습니다. 소피는 언니와 한바탕 싸울 수도 있었습니다. 언니를 때려주고 울고불고 하며 언니 편을 들어준 엄마에게도 화를 낼 수 있었습니다. 하지만 소피는 그렇게 하지 않았습니다. 소피는 과연 어떻게 화를 풀 수 있었을까요? 소피는 달리기를 선택했습니다. 밖으로 나가 화가 풀릴 때까지 달리고 또 달렸습니다. 스치는 바람에 눈물과 땀을 식히고 파도소리와 새소리를 들으며 마음을 누그러뜨렸습니다.

유치원에서도 교사는 아이들끼리 싸우고 다투는 일로 중재를 하다 하루를 다 보내는 일이 허다합니다. 교사가 갈등의 중재자가 되는 대신 갈등을 풀어갈 수 있는 그림책을 함께 읽고 놀이의 형태로 문제해결능력을 키울 수 있습니다.

그림책 놀이를 통해 감정을 순화하고, 타인의 입장을 이해해보면 좋습니다. 또한 부정적인 성향을 지도하는 것도 그림책 놀이로 접근해볼 수 있습니다. 일상생활 지도의 문제, 약속과 규칙에 대해 힘들어하는 아이에게도 설명을 통한 교육보다 그림책을 활용한 놀이로 아이들의 문제 행동에 한 걸음 다가가 볼 수 있습니다.

그림책을 통해 여러 등장인물을 만나고 그 속에서 다양한 세계와 감정을 경험하면서 수많은 이야기와 여러 가지 놀이를 만들어낼 수 있습니다. 시공간을 초월하여 수많은 이야기에서 다양한 주인공을 만나고 그 경험을 바탕으로 다양한 놀이를 할 수 있습니다. 그림책 놀이가 좋은 이유는 교사와 유아 또는 유아와 유아가 '함께' 한다는 데 있습니다. 부모님이 그림책을 읽어주고 '함께' 아이들과 놀이를 해볼 수도 있습니다. 유치원에서는 선생님과 아이들이 그림책을 읽고 놀이를 할 수 있습니다.

이 책을 통해 그림책 놀이와의 멋진 만남이 이루어지길 바랍니다. 지금부터 그림책 놀이 함께 하실까요?

함께 상상여행을 떠나요

마이클 로젠 글, 헬린 옥슨버리 그림,
공경희 옮김, 시공주니어

   이 책은 화창한 어느 날 한 가족이 곰 사냥을 떠나는 것으로 시작합니다. 곰 사냥을 떠나는 등장인물들의 흥에 겨운 모습이 얼굴 표정에 잘 나타나 있습니다. 그런데 용기를 갖고 떠났지만, 막상 목적지가 가까워질수록 공포와 두려움이 커집니다. 잔뜩 긴장해 있으면서도 아닌 척 시치미를 뚝 떼는 식구들의 귀에 사각서걱! 덤벙텀벙! 처벅철벅! 바스락부시럭! 횡휘잉! 이런 소리들이 예사로 들릴 리 없습니다. 이런 소리의 변화는 곰 사냥에 마음 졸이게 하는 긴장감을 주며, 여러 말로 설명하는 것보다 훨씬 극적인 효과를 줍니다.

   때로는 긴장감을, 때로는 즐거움을 주는 곰 사냥의 묘미를 등장인물들과 함께 느끼며 아이들은 곰 사냥을 떠납니다. 곰 사냥을 떠나는 과정에서 자신의 이야기를 덧붙이고 각 상황에 적절한 소리도 내어보면서, 그림책 속의 주인공이 되어 자신의 이야기를 펼치게 됩니다.

그림책 펼치기

- 『곰 사냥을 떠나자』의 그림만 보면서 어떤 이야기인지 상상해본다.
    "풀밭에서 아이들이 미끄럼틀 타고 있어."
    "재밌겠다! 우리 엄마는 진드기 나온다고 위험하다고 했는데…."
    "그러다가 강물에 빠지면 어떡하지?"
    "숲속에서 곰이 나타날까 봐 무서워!"
- 『곰 사냥을 떠나자』를 들려준 다음 함께 이야기 나눈다.
    "가장 마음에 드는 장면을 소개해볼까요?"
    "풀밭(강물, 진흙탕, 숲, 눈보라)에서 어떤 소리들이 들렸나요?"
    "그림책에서 나오는 소리 외에 또 어떤 소리가 들릴까요?"
    "내가 만약 그림책 속의 곰을 만난다면 어떨까요?"
- 『곰 사냥을 떠나자』 그림책으로 어떤 놀이를 하고 싶은지 말해본다.
    "만약 곰 사냥을 떠난다면 풀밭(강물, 진흙탕, 숲, 눈보라)에서 어떻게 하고 싶나요?"
    "이 그림책을 다시 한번 살펴보세요! 어떤 놀이를 하고 싶나요?"(예: 몸으로 표현하기, 악기 놀이, 장애물 건너 곰 잡으러 가기, 지시대로 움직이기 등)

놀이 똑! 똑!

아이들이 준비한 재료로 풀밭, 강물, 숲 등 다양한 장면을 구성할 때 아이들 간 의견이 일치하지 않아 갈등이 생길 수 있습니다. 이때 교사가 성급히 개입하거나 해결하기보다 아이들이 서로의 의견을 모아 해결할 수 있도록 기다려주면, 더 좋은 생각이 나올 것이며 협력하는 방법도 알게 될 것입니다.

곰 사냥을 떠나자! 마임놀이

이 시기 아이들은 자신의 신체를 인식하여 신체의 부분, 부분과 부분, 전체를 움직이면서 자기를 발견하고 성취감을 느낍니다. 특히 어떤 상황이나 행동을 마임으로 표현하는 놀이는 창의적 표현을 하는 데 도움이 됩니다.

놀이 도구

풀밭 · 강물 · 진흙탕 · 숲 · 눈보라를 꾸밀 수 있는 소품

놀이 즐기기

- 아이들과 의논해 필요한 재료를 준비하여 모둠별로 한 가지 소품을 구성한다.
  "풀밭, 강물, 진흙탕, 숲, 눈보라는 어떻게 만들면 좋을까요?"
- 아이들이 만든 소품을 세팅한다.
  "자, 지금부터 우리도 곰 사냥을 떠나볼까요? 우리가 준비한 소품들을 어디에 놓으면 좋을까요?"
- 교사의 내레이션에 맞춰 제자리에서 마임으로 표현한다.

  곰 잡으러 간단다! 큰 곰 잡으러 간단다!

  풀밭을 헤치고 가자! 사각 서걱! 사각 서걱!

  강물을 헤엄쳐 나가자! 덤벙 텀벙! 덤벙 텀벙!

  진흙탕을 밟고 가자! 처벅 철벅! 처벅 철벅!

  숲을 뚫고 나가자! 바스락 부시럭! 바스락 부시럭!

  눈보라를 헤치고 가자! 휭 휘잉! 휭 휘잉!

- 이번에는 교사의 내레이션에 따라 각 장소를 이동하면서 마임으로 표현한다.
- 아이들과 의논하여 다양한 방법으로 마임 놀이를 한다.
  - 유아들이 정한 이야기에 맞춰 마임 놀이하기, 장면 순서를 바꾸어서 이동하기 등

놀이 풍경

우리가 만든 풀밭 사이로 헤치고 가자!

큰 파란 비닐봉투 옆으로 헤엄쳐 나가자!

구겨진 한지 진흙밭을 밟고 가자!

이면지나 잡지로 뭉친 눈보라 사이로 가자!

그림책 속 소리와 만나는 자연물 악기 놀이

곰 사냥을 떠날 때 다양한 소리를 흉내 내어본 다음 그 소리에 맞추어 자연물 악기 연주를 해봅니다. 또 각기 다른 자연물 소리를 탐색하며 비교하면서 소리의 차이를 인식하고, 다양한 소리를 표현합니다.

놀이 도구
나뭇잎, 나뭇가지, 돌멩이, 나무토막

놀이 즐기기
- 그림책에 나오는 소리들에 관해 이야기 나눈다.

  "풀밭을 헤칠 때 어떤 소리들이 들렸나요?"(강물을 건널 때, 진흙탕을 밟을 때, 숲을 뚫고 나갈 때, 눈보라를 헤치고 나갈 때)

- 나뭇잎, 나뭇가지, 돌멩이, 나무토막 등 다양한 자연물을 탐색한다.
- 자신이 원하는 자연물을 선택한 후, 같은 종류의 자연물을 선택한 아이끼리 함께 앉는다.
- 그림책 속에 나오는 소리에 맞춰 자연물로 악기를 연주한다.

  그림책 소리 예시

  곰 잡으러 간단다! 큰 곰 잡으러 간단다!

  풀밭을 헤치고 가자! 사각 서걱! 사각 서걱!

  강물을 헤엄쳐 나가자! 덤벙 텀벙! 덤벙 텀벙!

  진흙탕을 밟고 가자! 처벅 철벅! 처벅 철벅!

  숲을 뚫고 나가자! 바스락 부시럭! 바스락 부시럭!

  눈보라를 헤치고 가자! 횡 휘잉! 횡 휘잉!

놀이 풍경

나뭇잎을 불어서
사각 서걱!

나무토막을 부딪쳐서
덤벙 텀벙!

나뭇가지를 긁어서
처벅 철벅!

다함께 그림책 속
소리를 듣고 연주를 하자!

만두를 만들어요

채인선 글, 이억배 그림, 재미마주

　만두피에 만두 속을 채워 정성스럽게 만두를 빚어 찌기까지 많은 수고로움이 따르지만, 손수 만든 만두는 우리 부모님의 정성, 마음, 맛이 들어간 일품요리가 됩니다. 요즘은 마트에서 손쉽게 구매하여 바로 먹을 수 있어 만두 빚는 과정을 경험하기 어려운데, 이 책을 통해 아이들은 만두 빚는 과정을 간접적으로 경험할 뿐만 아니라 상상 속 재미를 느낄 수 있습니다.
　무엇이든 크게 만드는 손 큰 할머니가 설날을 앞두고 숲속 동물들까지 배불리 먹을 수 있도록 만두를 준비합니다. 그러나 준비한 재료가 너무 많이 남자 만두 속을 다 넣어 세상에서 가장 큰 만두를 빚습니다.
　그림책 속의 할머니와 동물들이 만두를 빚으면서 겪게 되는 에피소드를 통해 우리도 함께 상상의 여행을 떠나면서 그 속에서 기발한 아이디어, 만드는 기쁨, 나누는 즐거움을 경험하게 됩니다.

그림책 펼치기

- 『손 큰 할머니의 만두 만들기』를 들려준 다음 함께 이야기 나눈다.

    "그림책 속 큰 만두를 보니 어떤 느낌이 드나요?"

    "내가 만약 만두를 만든다면, 어떤 만두를 만들고 싶나요?"

    "내가 만약 그림책 속 할머니를 만난다면, 어떤 말을 해주고 싶나요?"

    "친구들과 함께 만두를 만들면, 어떤 점이 좋을까요(불편할까요)?"

- 친구들과 함께 그림책을 보면서 자유롭게 이야기 나눈다.

    "만두가 산 같아! 너무 너무 크다!"

    "맞아! 근데 반죽이 바깥으로 나와서 지저분해!"

    "괜찮아! 동물들이 먹는 거잖아!"

    "할머니는 참 기분이 좋은 것 같아!" "맞아! 우리 할머니 같아!"

    "나도 만두 만들고 싶다!"

- 그림책을 살펴보며 어떤 놀이를 하고 싶은지 이야기해본다.

놀이 똑! 똑!

줄로 나무, 꽃, 과일 등 여러 가지를 만들 수 있고, 줄 따라 걷기, 줄을 넘기 등 줄 놀이도 할 수 있어서 줄은 아이들에게 좋은 놀잇감입니다. 평소에도 줄을 가지고 여러 놀이를 해보면, 아이들은 줄에 흥미를 갖고 많은 놀이를 만들어냅니다. 다 함께 해보는 만두 반죽 줄 놀이도 몇몇 아이가 줄로 만두를 만드는 것에서 아이디어를 얻어 만든 놀이입니다. 만두 반죽 줄 놀이는 아이들의 협력이 가장 중요하므로, 즐겁게 놀이할 수 있는 방법을 아이들과 함께 의논해보는 것이 필요합니다.

덩덩 쿵덕쿵! 만두 반죽 줄 놀이

　손 큰 할머니와 동물 친구들이 빚은 큰 만두가 신기했던지 몇몇 아이가 자유놀이 시간에 큰 만두를 빚고 싶다면서 주변을 둘러보다가 긴 줄을 발견합니다. 긴 줄을 구부리고 펴면서 반죽 놀이를 합니다. 줄이 계속 움직이자 한 아이가 줄을 밟고 올라서면서 친구에게 "너는 거기에 서!", "○○은 줄을 밑으로 당겨야 해"라고 하며 역할을 분담합니다. 다 함께 줄을 연결해 올리고 내리면서 만두 반죽을 표현해봅시다.

놀이 도구
북, 긴 줄

놀이 즐기기
- 긴 줄로 큰 원을 만든 다음 줄 바깥으로 앉는다.
  "우리도 손 큰 할머니처럼 줄로 만두 반죽 놀이를 해보면 어떨까요?"
- 안전하게 줄 놀이를 하려면 어떤 약속이 필요한지 알아본다.
  "다 함께 줄로 만두 반죽 놀이를 할 때 어떻게 줄을 잡으면 좋을까요?"
- 다 함께 앉아서 줄을 잡고 아래, 위로 흔들어본다.
- 교사가 북을 치며 구음을 하면, 유아들은 일어서서 다양한 방법으로 줄을 움직이며 만두 반죽 놀이를 해본다.

  덩덩 쿵덕쿵! 덩덩 쿵덕쿵! 반죽을 하자! 아래로(위로) 흔들흔들!
  덩덩 쿵덕쿵! 덩덩 쿵덕쿵! 반죽을 하자! 앞으로(뒤로) 쿵쿵!
  덩덩 쿵덕쿵! 덩덩 쿵덕쿵! 반죽을 하자! 원 가운데로 가서 다 함께 줄을 들고 쿵쿵쿵!

놀이 풍경

"너무 세게 흔들지 마!
손이 아파~!"

"줄로 반죽 놀이 하니까
재밌다!"

"아래에서
주물럭주물럭!"

"힘껏 올리자!
꼬이지 않게 조심조심!"

덩덩 쿵덕쿵! 짧은 줄 만두 놀이

　이번에도 줄을 연결하여 만두를 만들어봅니다. 놀이를 확장하여 모둠별로 장단에 맞춰 줄을 연결하여 만두를 만들어보면서, 아이들은 함께 하는 즐거움과 서로 협력하는 방법을 알게 됩니다.

놀이 도구
북, 짧은 줄

놀이 즐기기
- 줄로 다양한 모양을 만들어본다.
- 친구들과 함께 줄로 만두 모양을 만들어본다면 어떻게 만들면 좋을지 의논해본다.
- 모둠별로 동그랗게 모여 앉은 다음 순서를 정한다.
- '덩덩 쿵덕쿵' 북소리에 맞춰 처음에 나온 아이가 줄을 바닥에 놓으면 다른 아이들이 이어서 줄을 연결하여 만두를 만들어본다.(이때 다른 아이들은 앉아서 '덩덩 쿵덕쿵! 덩덩 쿵덕쿵! 만두를 만들자!' 구음을 외친다.)
- 모둠별로 줄을 연결하여 만두를 만들고 나서 어떤 모양의 만두가 되었는지 말해본다.
- 모둠별로 만두 만들기가 익숙해지면 전체 아이가 한 팀이 되어 줄을 연결하여 커다란 만두를 만들어본다.

놀이 풍경

줄로 여러 가지 모양을 만들자! 나는 하트!

이번에는 다함께 만두를 만들자! 나부터 줄을 놓을게.

줄을 연결하니까 만두 모양이 나온다!

줄 만두 완성!

내 몸으로 만드는 만두소

만두소에 들어가는 재료들을 탐색한 후, 몸으로 여러 가지 재료를 표현해보면서 아이들은 재료의 형태와 변화 과정을 알아갑니다. 자신의 몸으로 만두소에 들어가는 다양한 재료를 표현해보는 과정을 통해 창의적 표현을 할 수 있으며, 자신의 신체에 대한 긍정적 자아개념을 형성하게 됩니다.

놀이 도구
음악 CD, 만두소를 만드는 동영상, 만두소 사진(김치, 두부, 숙주, 고기)

놀이 즐기기
- '만두' 하면 무엇이 떠오르는지 함께 이야기 나눠본다.
- 만두에는 어떤 재료가 들어가는지 말해본다.
- 만두소 사진을 보며 만두에 들어가는 재료들의 모양, 맛, 색깔 등에 관해 이야기해본다.
- 만두소를 만드는 모습을 동영상으로 살펴보고 나서 재료들이 어떻게 변했는지 말해본다.
- 교사의 내레이션에 따라 아이들은 만두소가 되어 움직여본다.

  김치를 씻자! 김치를 씻자! 잘게 다져요! 잘게 다져요!

  두부를 으깨자! 두부를 으깨자!

  숙주를 삶자! 숙주를 삶자!

  고기를 다지자! 고기를 다지자!

- 만두소를 몸으로 표현한 후, 음악에 맞춰 자신의 몸으로 만두를 만들어본다. 교사는 아이들이 몸으로 다양한 만두를 표현해볼 수 있도록 이에 적절한 구음을 해주면 도움이 된다.(예: 만두 만두 동그란 만두 / 만두 만두 아주 큰 만두 / 만두 만두 어떤 만두?)

놀이 풍경

> 나는 김치!
> 내 몸을 씻어야지.

> 나는 두부!
> 내 몸이 으깨지고 있어.

> 나는 숙주!
> 뜨거운 물에 들어갔어.

> 나는 고기!
> 맛있게 다져지는 중이야!

어서 와, 글자야!

이수지 글·그림, 길벗어린이

『움직이는 ㄱㄴㄷ』은 글자에 재미를 더하고, 글자에 상상을 더하는 그림책입니다. ㄱ은 갇혀 있었고, ㄴ은 녹아내리고, ㄷ은 다치고, ㄹ은 노래를 부릅니다. 그럼 ㅁ은 무엇을 할까요? 한 페이지, 한 페이지를 넘길 때마다 다음 자음의 움직임이 궁금해지는 책입니다. 각 자음의 움직임을 몸으로 표현하면서 글자를 만나는 즐거움을 느낄 수 있습니다.

아이들은 일상에서 다양한 글자를 접합니다. 이 시기 아이들에게 자신이 친숙한 글자를 접할 기회를 자주 제공하거나, 알고 있는 글자를 찾아보는 놀이는 글자에 흥미를 느끼게 하는 방법입니다. 아이들이 '글자' 하면 지루하고 어려운 것이 아니라 또 찾아보고 싶은 놀잇감으로 생각하게 된다면, 좀 더 적극적으로 글자 놀이에 다가갈 것입니다.

그림책 펼치기

- 『움직이는 ㄱㄴㄷ』을 살펴본 다음 몸으로 표현해본다.

    "어떤 글자들이 있나요?"

    "'가두다'(녹다, 다치다, 묶다, 부러지다, 작다 등)를 몸으로 표현해볼까요?"

    "이번에는 여러분이 원하는 그림을 선택해서 몸으로 표현해볼까요?"

- 글자로 어떤 놀이를 할 수 있는지 이야기해본다.
    - 글자를 몸으로 표현하기, 글자를 잘라서 퍼즐 맞추기, 그림책처럼 움직여 보기, 블록으로 글자 만들기 등
- 글자 놀이를 하면 어떤 점이 좋은지 이야기 나눠본다.

    "나는 손이 아파서 글자 쓰기가 싫어! 근데 블록으로 글자를 만들면 재밌어!"

    "재밌어서 글자를 빨리 익힐 수 있어!"

    "글자가 어려운데 빨리 알 수 있어! 또 하고 싶어!"

    "머리가 안 아파서 좋아."

놀이 똑! 똑!

유아기는 언어 발달의 결정적 시기입니다. 이 시기 아이들은 다양한 어휘를 익혀 자신의 생각을 말하며, 읽고 쓰기에 관심을 보입니다. 그러나 주입식의 읽기와 글쓰기는 글자에 대한 흥미를 떨어뜨리고 아이들 마음에서 멀어지게 합니다. 그러므로 글자를 활용한 다양한 놀이는 아이들이 좀 더 글자에 친숙하게 다가갈 수 있는 발판이 됩니다.

『움직이는 ㄱㄴㄷ』에서 제시한 움직임을 함께 해보거나 자신의 몸으로 다양한 글자를 만들어보는 놀이 경험을 자주 해보면, 몸으로 글자 만드는 것을 어려워하지 않고 능숙하게 만들 수 있습니다.

움직이는 글자 정거장

그림책에 나오는 각 자음의 움직임을 몸으로 표현하거나 다음 자음을 보고 어떤 상황이 나올지 예측해봅니다. 그림책에서 제시된 움직임 외에 또 어떤 움직임이 있을지 이야기해본 후, 글자 정거장 놀이를 해봅니다. 이 놀이를 통해 글자에 흥미를 느낄 수 있습니다.

놀이 도구
정거장 사진, 자음 카드, 글자 미션 카드, 막대, 통

놀이 즐기기

- 정거장 사진을 보면서 정거장에 가본 경험을 말해본다.
  "정거장에 가본 적이 있나요?"
  "왜 정거장이 필요할까요?"
- 글자 정거장 놀이 방법에 대해 이야기 나눈다.
  - 맨 앞에 있는 아이는 운전을 하고, 다른 아이들은 앞 친구 어깨를 잡고 출발한다.
  - 글자 정거장에 도착하면 글자 미션을 보고 다음 정거장까지 미션대로 움직이면서 이동한다.(아이들의 안전을 고려하여 정거장의 간격을 넓게 한다.)

    글자 미션 예시
    ㄱ 정거장: 걷다 - 군인처럼 걸어가기
    ㄴ 정거장: 날다 - 나비처럼 날아가기
    ㄷ 정거장: 두리번거리다 - 두리번거리면서 가기
    ㄹ 정거장: 랄랄라 노래하다 - 랄랄라 노래 부르면서 가기

- 글자 정거장 놀이에 익숙해지면 아이들과 의논하여 글자 미션 카드를 바꾸어서 놀이한다.

놀이 풍경

글자판을 여기에 놓아보자!

다음 정거장은 뭐야?

이렇게 날아봐야지!

나만의 방법으로 랄랄라 노래하면서 가볼까?

글자 카페

글자 카페 미션은 연령에 따라 난이도를 조절하여 놀이합니다. 글자 카페는 앉아서 글자를 읽고 쓰는 것이 아니라 글자가 놀잇감이 되어 즐겁게 놀 수 있으며, 아이들이 직접 글자 카페를 만들어 다양한 방법으로 즐길 수 있는 색다른 글자 체험입니다.

놀이 도구
자음 카드, 글자 미션 카드, 음악 CD, 막대, 통, 아이짐 막대, 블록

놀이 즐기기
- 아이들과 함께 아이짐 막대나 블록을 이용하여 'ㄱ~ㄹ' 자음을 교실 바닥에 각각 만들어본다.
- 각 글자 카페에서 어떤 놀이를 하고 싶은지 이야기 나눠본 다음 아이들의 의견을 반영하여 미션 카드를 만들어본다.
- 글자 카페에 세팅된 글자를 읽은 다음 미션 카드의 미션을 수행한다.

    미션 카드 예시

    ㄱ 카페: 손을 위로 올리기, 손을 허리하기, 손을 위아래로 뻗어서 ㄱ으로 만든 블록 사이 길로 걸어가기

    ㄴ 카페: 'ㄴ' 출발선을 따라서 걸어가기, 두발 모아 뛰어가기, 앙감질하기

    ㄷ 카페: 작은 블록으로 'ㄷ' 만들기

    ㄹ 카페: 'ㄹ'을 따라서 걸은 후, 교사가 '5명!'하고 외치면 해당 수만큼 짝이 되어 'ㄹ' 만들기(아이들이 'ㄹ'을 틀리게 만들더라도 지적하기보다 글자를 만든 것에 대해 격려한다.)

  - 아이들이 어려워할 수 있으므로 처음에는 'ㄱ'만 만들다가 점차 늘려간다.
- 글자 카페 놀이가 익숙해지면 아이들이 원하는 글자를 스스로 구성하고, 미션 내용을 바꾸어서 '우리들만의 글자 카페'를 만들어본다.

놀이 풍경

'ㄱ' 안으로 들어가서 걸어 가보자!

이번에는 'ㄴ'을 따라서 한 발로 뛰어보자!

여러 가지 블록을 눕히거나 세워서 'ㄷ'을 만들어보자!

우리 5명이 'ㄹ'을 만들어보자!

상상 속의 친구

모리스 샌닥 글·그림,
강무홍 옮김, 시공주니어

    아이들의 마음을 잘 대변한 『괴물들이 사는 나라』는 현실과 상상을 오가면서 다양한 정서를 공유하고, 마음껏 자신의 감정을 표출하도록 돕습니다. 아이들은 그림책 속 엄마의 화난 표정에 함께 표정이 어두워지기도 하고, 괴물 나라의 왕이 되어 신나게 노는 맥스의 모습을 보면서 덩달아 신난 표정을 짓습니다.

    아이들은 그림책을 통해 다양한 상상의 세계에 머물러 괴물도 되고, 로봇도 되고, 공룡도 되어 보면서 현실에서 경험할 수 없는 여러 감정과 행동을 표현합니다. 자신이 하고 싶은 것들을 마음껏 표현하고 즐기다 보면 마음속에 남아 있는 화나 속상함도 어느새 사라집니다. 이렇게 상상여행에서 다양한 세계를 접하고 여러 경험을 하면서 신나게 놀고 나면 더 건강한 자아로 돌아오게 됩니다.

그림책 펼치기

♥ 『괴물들이 사는 나라』에 관해 이야기 나눠본다.

"맥스(엄마)는 왜 화가 났나요?"

"괴물들에게 이름을 지어준다면 어떤 이름을 지어주고 싶나요?"

"내가 만약 괴물들이 사는 나라에 간다면 괴물들과 어떤 놀이를 하고 싶나요?"

♥ 주인공 초대하기 놀이를 해본다.

- 맥스를 누가 할지 정한 후, 주인공 머리띠를 쓰고 앞으로 나와 다른 아이들과 질문을 주고받는다.

"나는 맥스야. 궁금한 거 있으면 물어봐!"

"너는 왜 장난을 많이 해?" "재밌으니까."

"괴물 나라에 가보니 어땠어?" "신났어. 마음대로 할 수 있어서."

"근데 왜 다시 돌아왔어?" "엄마가 보고 싶으니까."

놀이 똑! 똑!

아이들은 그림책을 보며 상상하기를 즐깁니다. 맥스가 괴물 나라에 도착했을 때 무섭다고 눈을 가리는 아이도 있지만, 대부분의 아이는 맥스가 괴물과 무엇을 할지 궁금해하며 다음 장면을 상상합니다. 상상 그림책은 먼저 눈으로 보면서 마음껏 상상해볼 때 현실과 상상을 오가는 재미를 느낄 수 있으므로, 처음에는 그림만 보여줍니다. 그림을 보고 상상을 즐기면 그림책을 읽어줄 때 더 몰입하여 책읽기의 즐거움을 느낄 수 있습니다. 그뿐만 아니라 놀이로 확장하여 괴물이 되어보고, 스카프를 자유롭게 흔들며 괴물 나라에 가는 과정을 표현해보면서 상상놀이를 즐길 수 있습니다. 교사는 놀이에 담긴 의미 있는 경험을 헤아려 아이들이 상상놀이에 몰입할 수 있도록 기다려줍니다.

우르릉 쾅쾅 스카프 미션

아이들은 괴물 표정을 지으며 스카프를 움직이면서 괴물 놀이를 합니다. 괴물 놀이가 더 다양해질 수 있도록 아이들과 함께 다양한 스카프 미션 놀이를 해봅니다. 스카프로 여러 상황을 표현하면서 다양한 소리를 내어보고, 친구들과 함께 움직여보면서 상상의 세계로 여행을 떠납니다.

놀이 도구
스카프, 출발선, 괴물 나라 도착선

놀이 즐기기
- 내가 만약 괴물들이 사는 나라에 간다면, 무엇을 하고 싶은지 이야기 나눈다.
- 스카프로 어떤 미션을 만들고 싶은지 이야기한다.
- 출발선에서 다 함께 '우르릉 쾅쾅', '우르릉 쾅쾅'을 외친 후, 미션에 따라 스카프를 움직이며 앞으로 나아간다.
- 스카프 미션을 수행할 때 '우르릉 쾅쾅', '우르릉 쾅쾅' 외치면서 미션 내용에 따른 소리도 함께 낸다.

  스카프 미션 예시

  첫 번째 미션 - 스카프로 바람 만들기 ('우르릉 쾅쾅', '우르릉 쾅쾅' 쌔앵 쌔앵)

  두 번째 미션 - 스카프로 비 내리기 ('우르릉 쾅쾅', '우르릉 쾅쾅' 주룩 주룩)

  세 번째 미션 - 스카프로 파도 만들기 ('우르릉 쾅쾅', '우르릉 쾅쾅' 철썩 철썩)

  네 번째 미션 - 스카프로 천둥 만들기 ('우르릉 쾅쾅', '우르릉 쾅쾅' 쾅쾅 쾅쾅)

- 스카프 미션을 수행하면서 괴물 나라에 도착한다.

놀이 풍경

우르릉 쾅쾅! 출발합니다!

바람이 부네! 쌔앵~~

파도가 철썩철썩!!

드디어 괴물 나라에 도착했다!

괴물과 나

괴물 모습을 떠올리면서 괴물 머리띠를 만들어봅니다. 내가 괴물이 된다면 무엇을 하고 싶은지 이야기를 나눈 다음 역할을 정하여 '괴물과 나' 놀이를 해봅니다. 이 놀이를 통해 아이들은 다양한 상상과 표현을 할 수 있습니다.

놀이 도구
아이들이 만든 괴물 머리띠

놀이 즐기기
- 두 명이 짝이 되어 누가 괴물을 할지 정한다.
- 괴물을 맡은 아이는 자신이 만든 괴물 머리띠를 쓰고 마주보고 선다.
- 교사의 내레이션에 따라 괴물을 맡은 아이가 괴물 흉내를 내면 다른 아이는 따라서 흉내 내어본다.

  괴물이 으르렁! 으르렁!

  괴물이 한 발을 쾅쾅!

  괴물이 손톱을 세우고

  괴물이 두 발을 쾅쾅!

  괴물이 두 팔을 흔들고!

  괴물이 점프! 점프!
- 역할을 바꾸어서 놀이해본다.
- 놀이가 익숙해지면 서로 의논하여 자유롭게 괴물 모습을 표현하고 흉내 내어본다.

놀이 풍경

어떻게 표현해볼까?

다리를 벌려 으르렁!

한 쪽 다리를 잡고 한 발은 쾅쾅!

두 팔을 흔들면 나도 함께 두 팔을 흔들어야지!

비 오는 날의 풍경

류재수 지음, 보림

『노란 우산』은 빗소리에 분주하게 움직이는 우산들의 향연이 잘 묘사된 책입니다. 하늘에서 우산을 내려보는 시선 처리는 우산 밑에 숨어 있는 다양한 이야기 세계를 상상하게 합니다. 또한, 한 명이었던 길이 두 명이 되고, 다섯 명이 되고, 여럿이 되는 모습은 하나의 아름다운 풍경이 됩니다. 특히 여러 우산이 한데 모인 모습은 마치 알록달록 꽃들이 모여 있는 꽃밭을 연상하게 하면서 비오는 날의 풍경을 더 돋보이게 합니다.

이 책을 보고 있으면 빗소리를 들으며 통통 뛰거나 우산을 빙그르르 돌리며 빗방울을 날려보기도 하면서 비와 함께 마음껏 놀고 싶은 마음이 듭니다. 그래서 아이들과 함께 비 내리는 풍경을 상상하면서 우산을 쓰고 비 오는 날 모습을 표현할 수 있습니다. 『노란 우산』은 글자가 없는 그림책이라 아이가 동화작가가 되고, 아이의 상상이 곧 스토리가 됩니다.

그림책 펼치기

- 그림책을 살펴본 다음 이야기 나눠본다.
    "음악을 들으면서 그림을 보니 어떤 느낌이 들었나요?"
    "가장 기억에 남는 장면은 무엇인가요?"
    "우산들이 모여 있는 모습을 위에서 봤을 때 무엇처럼 보이나요?"
    "우산꽂이에 있는 우산은 무슨 생각을 할까요?"
- 그림을 보며 이야기를 만들어본다.
    "노란 우산이 외롭게 걸어가고 있어요."
    "다리를 건너갈 때 우산이 떨어질까 봐 조심조심하고 있어요."
    "건널목을 건널 때 우산들이 붙어 있어서 집 같아요."
    "숲속에 갈 때 우산들이 꽃 같아요."
    "우산 통에 있는 우산들이 쉬고 있어요."
- 그림책을 보면서 우산으로 어떤 놀이를 할 수 있는지 이야기해본다.

놀이 똑! 똑!

빗소리 음악에 맞춰 우산 쓰고 걸어가기, 우산으로 구성하기 등 우산으로 할 수 있는 놀이는 다양합니다. 아이들이 우산을 탐색하고 우산으로 다양한 놀이를 만들어보려면, 적절한 공간과 충분한 시간이 필요합니다. 다 함께 우산으로 걷기 놀이를 할 때 아이들과 의논하여 모둠별로 표현할 순서를 정하고 다양한 표현을 해볼 수 있도록 격려해줍니다. 모둠별로 우산 구성 놀이를 할 때는 서로 생각이 다르거나 먼저 하고 싶은 마음에 아이들 간 충돌이 생길 수 있으므로, 모둠별로 다투지 않고 즐겁게 구성할 수 있는 방법을 이야기 나눠봅니다.

우산을 쓰고 걷자

음악과 함께 그림책을 보면서 비 오는 날의 이야기를 상상합니다. 또 빗소리를 들으며 우산을 쓰고 자유롭게 걷거나 상황에 따라 걸어보면서 비 오는 날의 모습을 다양하게 표현할 수 있으며, 표현의 즐거움도 느낄 수 있습니다.

놀이 도구
우산, 빗소리 음악 CD

놀이 즐기기
- 빗소리를 들어보면서 어떤 소리가 들리는지 말해본다.
- 비 오는 날 무엇을 하고 싶은지 이야기해본다.
- 우산을 쓰고 움직일 때 어떤 약속이 필요한지 말해본다.
  - 예: 친구와 간격을 넓게 하기, 부딪치지 않기, 우산으로 눈 가리지 않기 등
- 우산을 쓰고 빗소리 음악에 맞춰 자유롭게 걸어본다.
- 교사의 내레이션에 따라 우산을 쓰고 걸어본다.

  우산을 쓰고 신나게 걸어요.

  우산을 쓰고 천천히 걸어요.

  우산을 쓰고 언덕길을 걷고 있어요.

  지금은 계단을 내려가고 있네요.

놀이 풍경

쉿!
빗소리를 들어봐!

나는 지금 우산을 쓰고
걸어가고 있어.

우산을 쓰고 갈 때는 친구가
다치지 않게 조심조심!

계단으로 내려갈 때
어떻게 해야 할까?

신문지 비가 내려요

아이들은 무언가를 마음대로 찢고 구기면서 즐거움을 느낍니다. 특히 신문지는 아이들의 마음을 표현하기에 좋은 도구입니다. 만약 이 세상에 신문지가 비로 내린다면 어떨까요? 신문지 비를 자유롭게 뿌려보고 맞으면서 신문지 비에 흠뻑 빠져 즐거움과 자유로움을 만끽합니다.

놀이 도구
신문지, 빗소리 음악 CD

놀이 즐기기
- 비가 보슬보슬 내릴 때, 비가 뚝뚝 떨어질 때, 소나기가 내릴 때 등 다양한 빗소리를 몸으로 표현해본다.
- 다양한 빗소리를 들으면서 신문지를 자유롭게 찢는다.
  "신문지를 마음대로 찢어보아요! 어떤 소리가 들렸나요?"
- 만약 하늘에서 신문지 비가 내린다면 어떨지 상상해본다.
- 빗소리 음악에 맞춰 자신의 몸에 신문지 비를 뿌려본다.
  - 세게, 약하게, 천천히, 빠르게 등 다양한 방법으로 뿌린다.
- 빗소리 음악에 맞춰 옆 친구에게 다양한 방법으로 비를 뿌려본다.
  - 친구에게 신문지 비를 뿌릴 때 사전 약속을 정해 안전하게 뿌리도록 안내한다.
- 음악에 맞춰 신문지를 바구니에 정리한다.
- 신문지 비를 맞아본 느낌을 말해본다.

놀이 풍경

"나는 톡톡 두드릴 거야!"

"비가 세게 내리잖아! 쭉쭉 찢어야지!"

"신문지 비는 젖지도 않고 재밌다!"

"친구 눈에 들어가지 않게 조심조심!"

우산으로 무얼 만들까요?

우산으로 구성 놀이를 할 때 각 모둠별로 간격을 유지하며 안전 약속을 정하여 놀이합니다. 또한, 펼친 우산과 접은 우산을 사용하여 여러 모양을 만들면서 다양한 구성 놀이를 즐깁니다.

놀이 도구
어린이용 우산

놀이 즐기기
- 모둠별로 우산으로 무엇을 만들지 의논한다.
- 다양한 방법으로 구성한다.
  - 예: 펼친 우산으로 구성하기, 접은 우산으로 구성하기, 펼친 우산과 접은 우산을 함께 사용하여 구성하기 등

  "우산으로 무엇을 만들고 싶나요?"
  "우산이 몇 개가 필요할까요?"
  "우산으로 만들기 할 때 친구와 생각이 다르면 어떻게 해야 할까요?"

- 무엇을 만들었는지 소개한다.
- 전체 아이들이 모여 우산으로 무얼 만들지 의논한다.
- 역할을 분담하여 구성한다.
- 우산을 연결하여 만든 것을 감상한다.

놀이 풍경

우산으로 무엇을 만들까?

우산으로 '방방'을 만들었어요.

우산으로 만든 집에서 쉬자!

역할을 나눠 펼친 우산과 접은 우산으로 꽃을 만들자!

무엇이든 뚝딱!

앤서니 브라운과 꼬마 작가들 지음,
서애경 옮김, 웅진주니어

    앤서니 브라운의 『마술 연필』은 마술 연필을 가진 꼬마 곰을 따라 어떤 마술이 펼쳐질지 기대하면서 즐거운 그림 여행을 할 수 있습니다. 마술 연필로 그림을 그리면 무엇이든 진짜가 되는 것에 호기심이 생기게 되고, 상황에 따라 그려지는 그림들을 보면서 다음 그림을 상상하는 재미가 넘칩니다.

    우리에게 무엇이든 그릴 수 있는 마술 연필이 있다면 얼마나 좋을까요? 마술 연필로 내가 만나고 싶은 것, 그리고 싶은 것, 바라는 것을 그릴 수 있어서 마음 여행, 상상 여행을 자유롭게 떠날 수 있습니다. 또한, 사라져가는 동물들을 만나는 장면을 통해 환경오염으로 동물들의 서식지가 사라지는 것을 알게 되고, 우리들이 무엇을 노력해야 하는지 생각해보게 합니다.

그림책 펼치기

- 마술 연필에 대해 이야기 나눠본다.
  - "꼬마 곰은 걸어 다니면서 무엇을 그렸나요?"
  - "마술 연필을 가진 꼬마 곰의 기분은 어떨까요?"
  - "나에게 마술 연필이 있다면, 무엇을 그리고 싶나요?"
  - "마술 연필 말고 또 어떤 것이 있으면 좋을까요?"
- 사라져가는 동물들에 대해 이야기해본다.
  - "동물들이 왜 사라져갈까요?"
  - "사라져가는 동물들의 마음은 어떨까요?"
  - "동물들이 사라지지 않게 하려면 어떻게 해야 할까요?"

놀이 똑! 똑!

백업과 골판지로 만든 마술 연필을 들고 교실 바닥이나 책상에 무언가를 그리는 시늉을 하거나, "수리수리 마수리 공룡으로 변해라! 얍!" 하며 마술 놀이를 하는 친구를 보고 "우리도 하고 싶다!"라고 말하는 아이가 많아서 다 함께 마술 텔레비전을 만들어 보았습니다. 마술 텔레비전은 아이들의 상상과 소망이 표현되는 곳입니다. 여러 아이가 표현할 수 있도록 넓은 공간을 마련해주고, 부끄러워하는 아이는 자신이 하고 싶을 때까지 기다려주면 더 다양한 표현이 나올 것입니다.

마술 텔레비전

큰 백업과 골판지를 사용하여 마술 연필을 크게 만든 후, 마스킹테이프로 텔레비전을 만들어서 모둠별로 그 안에서 자유롭게 표현하거나 스크린을 텔레비전으로 가정하여 스크린 앞에서 표현해볼 수 있습니다. 마술 연필 리모컨의 지시에 따라 자신의 몸으로 코끼리, 꽃, 토끼 등 다양하게 표현해보면서 상상의 재미와 표현의 기쁨을 느낄 수 있습니다.

놀이 도구

마술 연필 리모컨, 스크린, 마스킹테이프

놀이 즐기기

- 나에게 마술 연필이 있다면 무엇을 하고 싶은지 말해본다.
- 마술 텔레비전에는 무엇이 나올지 상상해본다.
- 마술 텔레비전 놀이 방법에 관해 이야기 나눈다.
  - 교사나 한 명의 아이가 마술 연필 리모컨으로 자신이 생각한 숫자와 변신할 내용을 말하면, 모둠별로 마술 텔레비전 안에 들어가 자신의 신체로 만들어본다.

  "마술 연필이 지금부터 리모컨으로 변신할 거예요! 마술 연필 리모컨에는 숫자가 없어요. 그래서 상상하여 숫자를 말한 후, 여러분이 생각한 것을 말해보세요!"
  - 예: 7번 - 발레리나, 9번 - 호랑이, 11번 - 딸기, 12번 - 태권도 등
- 친구들과 함께 마술 연필 리모컨을 누르는 사람을 정하고 마술 텔레비전 놀이를 해본다.
  - 마술 연필 리모컨 담당 순서는 아이들이 의논하여 정하도록 안내한다.

놀이 풍경

이 마술 연필로 나는 인형을 만들고 싶어!

7번은 발레리나야!

12번은 태권도야!

11번은 딸기야!

행복한 동물 마을 만들기

　모둠별로 사라져가는 동물들의 서식지를 구성하고, 사라져가는 동물을 그리거나 인형으로 극놀이를 체험해보는 활동입니다. 이 활동을 통해 아이들은 동물들이 사라져가는 문제에 관심을 갖게 되고, 친구들과 함께 행복한 동물 마을을 구성하면서 협동심을 기르게 됩니다. 또한 동물 인형극 놀이를 통해 자신의 생각을 자유롭게 표현함으로써 자신감과 표현력이 길러집니다.

놀이 도구

여러 가지 블록, 천(초록, 파랑, 연두 등), 사라져가는 동물 인형

놀이 즐기기

- 모둠별로 북극, 정글, 숲 중 어떤 서식지를 구성할지 정한다.
- 여러 가지 블록과 천을 이용하여 사라져가는 동물들의 서식지를 구성한다.
  "무엇을 놓고 싶나요?"
  "내가 원하는 재료가 없을 때 어떻게 하면 좋을까요?"
- 모둠별로 만든 서식지에 이름을 지어본다.
- 모둠별로 구성한 서식지를 소개한다.
- 각 서식지에 적절한 동물 인형을 놓고 인형극 놀이를 한다.
  "어떤 동물 인형을 놓아야 할까요?"
  "우리 유치원에 사라져가는 동물 인형이 없으면 어떻게 해야 할까요?" (그림을 그려서 놓아보기, 인터넷에서 찾아서 오려보기, 사진 놓아보기 등)

놀이 풍경

얼음집은 하얀 천으로 깔아보자!

정글이니까 초록색 천에 초록 블록을 올려놓자!

숲은 나무가 많으니까 나무를 만들자!

북극곰아! 이제 사라지지 말고 행복하게 살아!

마음을 보아요

마일두 글, 슬슬킴 그림, 어린이아현

『마음』은 실제 눈으로 보이지 않는 마음에 관심을 갖고 나의 마음뿐만 아니라 타인의 마음을 알고 느낄 수 있도록 마음의 문을 열어줍니다. "꽃에도 마음이 있을까?", "나비도 마음이 있을까?"라고 묻는 작가는 무심코 지나칠 수 있는 풀 한 포기에도 마음이 있다고 이야기합니다.

이 시기 아이들은 자기중심적 사고가 강하여 타인의 마음을 이해하는 공감 능력이 부족한데 여러 사람과 관계를 맺으면서 타인의 마음을 헤아리게 되고, 나아가 주변 동·식물의 생명을 존중하는 마음을 갖게 됩니다.

우리는 살아가면서 무심코 던진 말에 상처를 받을 때도 있고, 한 마디 격려에 큰 위로를 받을 때도 있습니다. 따라서 아이들과 함께 여러 마음에 대해 이야기 나누고 마음과 관련된 놀이도 지속적으로 해본다면, 점차 자신의 마음을 보게 될 뿐만 아니라 타인의 마음도 이해하게 될 것입니다.

그림책 펼치기

- 그림책의 그림을 살펴본 다음 이야기 나눠본다.
  "사람들이 지금 무엇을 하고 있나요?"
  "새장 안에 있는 새는 무슨 생각을 할까요?"
  "고양이는 무엇을 보고 있나요?"
- 그림책의 이야기를 들은 후, 자신의 생각을 말해본다.
  "그림책을 쓴 작가는 우리에게 어떤 마음이냐고 왜 물어볼까요?"
  "이 그림책에서 어떤 마음이 궁금하나요?"
- '너는 지금 어떤 마음이니?' 인터뷰 놀이를 해본다.
  "기분이 좋아요! 미영이랑 같이 있어서요."
  "슬픈 마음이에요! 친구가 나랑 안 논다고 해서요."
  "화난 마음이요! 친구가 허락도 안 받고 내 딱지를 가져가서요."

놀이 똑! 똑!

『마음』은 만 3, 4세 아이들에게는 조금 어려울 수 있으므로 만 5세 아이들에게 들려주는 것이 좋습니다. 또한, 책에 나오는 사람, 동물, 식물의 마음을 알아볼 때 아이들은 처음엔 "슬퍼요!", "좋아요!" 등 단답형으로 대답할 수 있는데, 반복하여 들려주거나 상황극으로 들려주면 점차 그림 속 상황을 유추하여 어떤 마음인지 이야기할 수 있습니다.

추상적인 마음을 놀이로 연결한 '우리 반 마음 공원', '감정 표지판 뽀뽀이 길'은 하루 만에 끝나는 것이 아니라 반복하여 즐길 수 있습니다. 따라서 아이들의 흥미도에 따라 놀이 기간을 연장하거나 더 확장할 수 있도록 충분한 재료를 지원해주면 여러 가지 마음을 이해하는 데 도움이 됩니다.

우리 반 마음 공원

그림들을 살펴보면서 누가 나왔는지 이야기한 후, 어떤 마음이 있는지 함께 이야기 나눠봅니다. 모둠별로 마음 공원을 만들어보면서 함께 협력하는 방법을 배우게 되고, 친구의 마음을 이해하게 됩니다.

놀이 도구

여러 가지 블록, 표정 카드, 빨대, 종이컵, 스카치테이프

놀이 즐기기

- 등장인물들의 마음에 대해 이야기해본다.
  "새장에 갇힌 새는 지금 어떤 마음일까요?"
  "이 새에게 어떤 말을 해주고 싶나요?"
- 모둠별로 여러 가지 블록을 사용하여 마음 공원을 만들어본다.
- 우리 반 교실에 있는 물건 중에 자신이 좋아하는 물건이나 함부로 사용했던 물건들을 골라서 마음 공원으로 가지고 온다.
- 자신이 가져온 물건을 소개한 후, 물건을 종이컵에 담아 공원 안에 놓는다.
- 공원 안에 있는 물건들도 사람들처럼 마음이 있다면 어떤 기분일지 말해본다.
- 여러 가지 표정 카드 중에 해당되는 표정 카드 하나를 골라 빨대에 붙인다.
- 표정 카드 빨대를 종이컵 안에 꽂는다.
- 모둠별로 우리 반 마음 공원에 이름을 지어본다.

놀이 풍경

나는 찢어진 색종이를 초대하고 싶어!

마음 공원에 좋은 것을 많이 만들자!

색종이가 찢어져서 마음이 아파~ 종이컵에 담아야지!

물건에 어울리는 표정 카드를 종이컵에 꽂아야지!

감정 표지판 뽁뽁이 길

뽁뽁이는 아이들이 매우 좋아하는 재료 중 하나입니다. 아이들은 뽁뽁이를 두들겨보고 밟아보면서 내재된 감정을 표출합니다. 밟거나 두드릴 때마다 톡톡톡 나는 소리에 재미를 느끼면서 부정적 정서를 해소하고 정서적 안정을 찾게 됩니다. 또한, 감정 표지판을 통해 다양한 감정을 알고 적절하게 표현하는 방법을 경험하게 됩니다.

놀이 도구

폭 50cm 뽁뽁이 4롤, 감정 표지판(기쁨, 슬픔, 화남, 놀람), 표지판 대, 음악 CD

놀이 즐기기

- 뽁뽁이를 자유롭게 만져보면서 소리와 느낌에 대해 말해본다.
- 뽁뽁이 두 장을 나란히 바닥에 깔아 길을 만든 다음 자유롭게 걸어본다.
- 어떤 표지판이 있는지 알아본 후, 각 표지판에 따라 어떻게 걷고 싶은지 이야기한다.
  - 기쁨 표지판 - 뛰어가기
  - 슬픔 표지판 - 천천히 걷기
  - 화남 표지판 - 두 발을 쾅쾅거리면서 걷기
  - 놀람 표지판 - 뒤꿈치 들고 걷기 등
- 각 감정 표지판에 맞춰 걸어본다.
- 걷는 것 외에 또 어떤 방법이 있는지 이야기를 나눠보고 각 감정 표지판 길에서 다양한 방법으로 표현한다.

놀이 풍경

감정 표지판을 여기에 놓아보자!

뽁뽁이는 어떤 소리가 날까?

내가 슬플 땐 이런 모습이야~

난 지금 정말 기뻐! 이렇게 가야지.

우리 친구할까?

크리스 라쉬카 글, 그림,
이상희 옮김, 다산기획

『친구는 좋아!』는 길에서 마주친 두 아이가 서로의 상황을 이해하고 친구가 되어가는 과정을 보여줍니다. 그림책은 왜 친구가 되어야 하는지, 친구가 되면 무엇을 하고 싶은지 설명하지 않습니다. 무심한 듯 "나하고 친구하자"라고 툭 던진 말에는 서로를 이해하고 마음을 나누고자 하는 바람이 있습니다. 서로에게 긍정의 의미로 다가가며 친구라는 이름으로 하나가 되게 하는 행복한 이야기입니다.

누군가와 자신의 이야기를 나누고 함께 어울릴 수 있다는 것은 즐거운 일입니다. 이런 즐거움을 친구와 함께한다면 더없는 행복일 것입니다. 유아들은 점차 친구와의 관계를 익히고 함께 노는 즐거움을 익히게 됩니다. 또래와의 긍정적인 관계는 유아들의 인성 형성에도 중요한 요인입니다.

그림책을 보며 친구에 대한 경험을 나누고 함께 어울릴 수 있는 놀이를 전개합니다. 친구 사귀기를 못하거나 자신의 감정을 표현하지 못하는 유아들에게 친구들과 함께 어울리며 웃을 수 있는 놀이는 친구의 소중함을 알게 합니다.

그림책 펼치기

- 친구에게 관심을 갖도록 자유놀이 시간에 친구들과 놀이하는 모습을 담은 사진을 동영상으로 만들어 보여준다.

  "어떤 놀이를 하며 친구들과 지냈나요?"

  "친구들과 함께 지내면 어떤 기분이 드나요?"

- 표지를 보며 어떨 때 친구가 좋은지, 싫은지 이야기 나눈다.
- 그림책을 보며 다음 상황을 상상해본다.

  "친구가 왜 "야!"라고 말했을까요?"

  "그림책 속의 친구들의 표정을 살펴보세요. 어떤 표정인가요?"

- 그림책을 본 다음 어떤 놀이를 할지 의견을 나눈다.

  "친구와 어떻게 인사를 나누면 기분이 좋은가요?"

  "친구에게 자기소개를 어떻게 할까요?"

  "새로 만난 친구와 즐겁게 지낼 수 있는 방법은 무엇이 있나요?"

놀이 똑! 똑!

『친구는 좋아!』는 장면마다 나오는 주인공의 모습을 보며 "왜 불렀을까요? 뭐라고 대답했을까요? 왜 이런 표정을 지었을까요?" 등 유아 자신의 경험과 연결 지어봅니다. 친구의 감정을 이해하고 자신의 감정을 긍정적으로 표현하며 친구들과 어울린다면 놀이는 즐거움으로 가득 찰 것입니다.

친구들과 함께 어울리며 긍정적인 관계를 맺는 놀이는 아이들 개인의 삶을 행복하게 만드는 일일 뿐만 아니라 세상을 긍정의 눈으로 바라보게 하고 희망을 가지게 하는 즐거움을 줄 것입니다.

사랑의 인사 나누기

학기 초 새로운 친구와 환경에 낯설어하는 유아들에게 적당한 놀이입니다. 놀이를 하며 친구들에게 자기를 표현하고 적극적으로 다가설 수 있습니다. 수시로 유아들과 놀이를 전개하면 자기 표현력이 더욱 풍부해질 수 있습니다. 처음에는 한두 개의 단어를 사용하여 자신을 표현하지만, 반복적으로 놀이하다 보면 점차 구체적이고 자신감 있게 자신을 표현할 수 있습니다.

놀이 도구

부드러운 공 또는 유아들의 손으로 잡기 편한 부드러운 인형

놀이 즐기기

- 모둠별로 두 줄로 마주 보고 가까이 앉는다. (양쪽 3~4명씩)
- 먼저 제일 앞에 있는 유아가 마주한 친구에게 "친구야 안녕! 난 ○○○라고 해. 만나서 반가워"라며 자기를 소개한 후 친구에게 공을 건넨다.
- 공을 받은 친구는 "만나서 반가워"라고 인사한 후 사선 방향으로 마주한 친구에게 "친구야 안녕! 난 ○○○라고 해. 만나서 반가워"라고 인사하고 공을 건넨다.
- 서로 지그재그로 인사를 나누면서 마지막 친구까지 간다.
- 다시 끝에서부터 맨 앞에 있는 친구까지 지그재그로 공을 건네며 인사를 나눈다.
- 놀이에 익숙해지면 자기소개를 좀 더 자세하고 다양한 방법으로 해본다.

    "친구야 안녕! 나는 노래를 잘 부르는(사과를 좋아하는 등) ○○○라고 해."

    "친구야 안녕! 나는 멋진 그림을 그리는 화가가 되고 싶은 ○○○라고 해."

- 원형으로(6~8명) 앉아 순서 없이 서로 공을 굴리며 인사를 나눌 수도 있다.
- 아침 인사하는 시간, 모둠 발표하는 시간 등 다양한 상황에서 지속적으로 자신을 표현하는 활동을 한다.

놀이 풍경

> 친구야, 안녕!
> 나는 ○○○이라고 해.

> 친구야, 안녕!
> 나는 △△△이라고 해.

> 친구야, 안녕!
> 나는 그림을 잘 그리는
> ㅁㅁㅁ이라고 해.

> 친구야, 안녕!
> 나는 김치를 잘 먹는
> ☆☆☆이라고 해.

친구야 놀자

공간이 넓은 곳에서 할 수 있는 놀이로 학급 유아 모두 참여할 수 있습니다. 술래가 된 유아는 같이 놀이할 친구들을 큰 소리로 부릅니다. 다른 유아들은 술래의 말을 귀 기울여 듣습니다. 같이 놀 친구에 해당되는 유아들은 원 판의 빈자리로 이동합니다. 자유놀이 시간에도 "블록 좋아하는 친구야, 나하고 놀자!"라며 놀 친구들을 찾아볼 수 있습니다. 이런 놀이를 반복하면 소극적이었던 유아들도 놀이에서 활기를 얻어 적극적으로 참여합니다. 놀이는 다른 활동과 연계하거나 확장할 수도 있습니다.

놀이 도구
자리 표시를 할 수 있는 원 판 또는 스티커

놀이 즐기기
- 놀이를 안내한다.
  "한 명씩 나와서 원 판을 바닥에 놓아보세요. 우리 반 친구들 모두 26개를 놓아야 하는데, 어느 정도의 크기의 원을 만들어야 하는지 잘 생각하고 놓아보세요."
- 유아들이 한 명씩 나와 전체 친구들이 만들 원의 크기를 짐작하고 적당한 자리에 원 판을 놓는다.
- 원 판이 동그랗게 놓이면 유아들이 원 판 위에 선다. (술래의 원 판은 따로 표시한다.)
- 술래가 친구들을 향해 "바지 입은 친구야 놀자!" 하면 원 판 위에 서 있는 친구들 중 바지 입은 친구들만 "그래!" 하면서 비어 있는 원 판으로 이동한다.
- 빈 원 판 자리를 차지하지 못한 친구는 술래가 된다. 술래가 다시 "피자 좋아하는 친구야 놀자!" 하면 피자를 좋아하는 친구들은 비어 있는 원 판 위로 다시 이동한다.
  - 예: 머리 묶은 친구야 놀자, 언니 있는 친구야 놀자, 양말 신은 친구야 놀자 등
- 많은 유아가 술래가 되어볼 수 있도록 충분한 시간을 제공한다.

놀이 풍경

여기쯤 놓으면 원이 되겠지?

자~ 이제 놀이를 해봐요.

동생 있는 친구야 놀자~

동생 있는 친구들은 자리를 옮기자.

반갑다 친구야

입학을 하고 나서 한 달 정도는 새로운 친구들에게 관심을 가지고 관계를 형성하는 시기입니다. 친구들과 늘 함께 어울리면 서로 익숙해지지만, 그렇지 않은 경우에는 이름을 부르기도 어색할 때가 있습니다. '반갑다 친구야'는 두 편으로 나눠 칠판에 몸을 감추고 친구들의 이름을 먼저 불러보는 놀이입니다. 불쑥 칠판 위로 나타나는 친구의 모습에 당황도 하고 친구들의 이름을 큰 소리로 불러보며 신나게 웃어 봅니다.

놀이 도구

칠판(양쪽 팀을 가릴 수 있는 크기)

놀이 즐기기

- 팀으로 나눈다.
  - 6명 정도가 적당하다. 너무 많은 인원이면 칠판에 몸을 숨기기가 어렵다.
- 팀은 칠판 양쪽에 모여 몸을 낮춰 상대방이 보이지 않게 한다.
  - 칠판의 높이는 유아의 어깨 정도 높이가 적당하다.
- 놀이가 시작되면 교사는 칠판 끝에 서서 양쪽 한 명의 머리를 살짝 짚어준다.
  - 상대방의 유아들이 누구의 머리를 짚었는지 알아차리지 못하도록 유의한다.
- 교사가 "하나! 둘! 셋!" 하면 양쪽에 머리를 짚인 유아는 벌떡 일어나 상대편에 서 있는 친구의 이름을 큰 소리로 부른다.
- 이름을 못 맞힌 유아는 원래 자리로 돌아가 앉는다.
- 상대편 친구의 이름을 많이 맞힌 팀은 남아 있는 유아가 많고, 그렇지 않은 팀은 유아 수가 점점 줄어든다.
- 상대방의 이름을 많이 맞힌 팀은 남아 있고 다시 새로운 팀이 도전한다.

놀이 풍경

몸이 보이지 않도록 숨자.

OOO!

누구더라? 갑자기 생각이 안 나네?

내가 먼저 불렀어요.

내가 손잡아 줄게

유타 바우어 글·그림,
유혜자 옮김, 북극곰

『숲 속 작은 집 창가에』는 사냥꾼에 쫓기는 토끼와 여우 그리고 배고픔에 지친 사냥꾼을 따뜻한 마음으로 받아주는 노루의 지혜가 담겨 있습니다. 공포, 슬픔, 갈등을 보이는 상황을 어떻게 풀어 나갈지 한 장 한 장 동화책을 넘기며 맘껏 상상해볼 수 있습니다.

유아들은 친구들의 어려운 경우를 볼 때 도움을 제공하며 위로해 줄 때가 있습니다. 누군가의 도움이 절실히 필요할 때는 따스한 도움의 손길에 감사함을 느끼기도 합니다.

이런 도움을 주거나 받는 경험에서 주변 환경과 더불어 사는 지혜와 용기를 배웁니다. 자아 중심적 사고에서 벗어나 친구와 아울리며 만들어가는 성공의 기쁨을 즐길 수도 있습니다.

상대방의 입장에서 생각해보고 남을 이해하는 놀이, 그림책의 주인공이 되어 관계 맺기 몸 놀이를 해봅니다. 유아들이 자신의 감정을 긍정적으로 표현하고 다른 사람을 배려하며 존중하는 것은 바른 인성을 가진 사람으로 성장하는 데 중요한 요인이 됩니다.

그림책 펼치기

- 유아들과 표지를 보며 그림책에 호기심을 가질 수 있는 '궁금한 것 말하기'를 한다.

  "표지를 보니 무엇이 보이나요?"

  "표지의 그림을 보니 무엇이 궁금한가요?"

- 유아들이 장면마다 충분히 그림을 살펴보고 상상할 수 있도록 이야기를 나눈다.

  "노루는 창밖을 보며 무슨 생각을 하고 있을까요?"

  "토끼(여우, 사냥꾼)는 왜 노루 집에 달려갔을까요?"

  "토끼(여우, 사냥꾼)가 문을 열어 달라고 하는데 노루는 어떻게 했을까요?"

  "만약 노루가 문을 열어주지 않았다면 어떤 일이 생겼을까요?"

  "여우가 노루 집에 들어오자 토끼는 왜 침대에 숨었을까요?"

  "노루는 왜 토끼(여우, 사냥꾼)의 손을 잡아줬을까요?"

  "노루가 손을 잡아줬을 때의 느낌은 어떨까요?"

  "여우(사냥꾼)가 노루네 집 문을 두드렸을 때 집 안에 있던 노루(토끼, 여우)는 어떤 생각을 했을까요?"

- 동화를 들려준 후 느낌을 이야기한다.

  "누군가의 손을 따스하게 잡아준 적이 있었나요?"

  "언제 친구를 위로해 줬나요?"

  "누군가에게 위로를 받은 적이 있었나요?"

놀이 똑! 똑!

『숲 속 작은 집 창가에』는 등장인물들의 심리를 유아들이 충분히 이해하고 상황을 알아차리는 것이 중요합니다. 그림책을 통한 놀이로 전개하기 위해서 인물들의 마음을 헤아려 문제를 해결할 수 있도록 해야 합니다. 유아들의 생각을 흔들 수 있는 다양한 질문을 하고 함께 생각을 나눠봅니다.

생각 신호등 토론 놀이

'생각 신호등 토론 놀이'는 그림책을 보는 과정에서 진행합니다. 유아들이 그림책 장면마다 펼쳐지는 상황에 대해 충분히 상상하고 호기심을 가지도록 이야기를 나눕니다. 사냥꾼이 나타나는 장면에서는 사냥꾼에게 문을 열어줄지 안 열어줄지 토론을 합니다. 자신의 의견을 표현하고 다른 사람의 의견을 수용하며 소통하는 시간을 가집니다.

놀이 도구

생각 신호등 토론판, 포스트잇(빨강, 초록, 노랑)

놀이 즐기기

- 사냥꾼이 문을 열어달라고 하는 장면(29쪽)까지 그림책을 들려준 후 '생각 신호등'을 보여준다. 토론 방법을 안내하고 1차 의견을 표시한다.
  "사냥꾼이 문을 두드리고 있어요. 어떻게 할까요? 사냥꾼에게 문을 '열어준다'라고 생각하면 초록색 포스트잇에 이름을 쓴 후 초록불 칸에 붙이세요. '안 열어준다'라고 생각하면, 빨간색 포스트잇에 이름을 쓴 후 빨간불 칸에 붙이세요. 아직 결정을 못했으면 노란색 포스트잇에 이름을 적어 노란불 칸에 붙이세요."
- '생각 신호등'에 이름을 붙인 후 왜 그렇게 생각했는지 서로 의견을 나눈다.
- 다음 장면 이야기를 듣는다.(사냥꾼이 배가 고파 문을 열어달라고 하는 장면)
  "사냥꾼에게 문을 열어줄까요? 열어주지 말까요? 다시 한번 생각해보세요. 생각이 바뀐 친구들은 이름표를 초록, 빨강, 노랑 칸에 옮겨서 다시 붙이세요."
- 다시 바뀐 의견을 '생각 신호등'에 포스트잇을 옮겨 표시하고 결과를 확인한다.
- 각각 왜 생각이 바뀌었는지 서로 의견을 나눈다.
- 토론이 끝난 후 동물 친구들은 어떻게 했는지 그림책을 끝까지 본다.
- 자신의 생각과 노루의 생각이 무엇이 다르고, 무엇이 같은지 이야기 나눈다.

놀이 풍경

'문을 안 열어줘요'가 제일 많아요.

저는 사냥꾼이 불쌍해서 문을 열어줘야 한다고 생각해요.

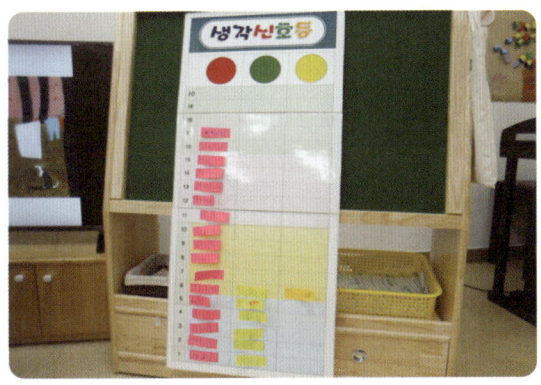

난 생각을 바꿨어. 사냥꾼에게 문을 열어줄 거야.

이젠 '문을 열어줘요'가 제일 많아요.

사랑의 고리 연결하기

　그림책 속의 노루, 토끼, 여우, 사냥꾼은 서로 갈등 관계입니다. '사랑의 고리 연결하기'는 이 인물들이 문제를 긍정적으로 해결하고 사이좋은 관계로 연결되는 것을 놀이로 표현합니다. 유아들이 그림책 속 인물이 되어 다른 친구의 몸에 손이 닿지 않도록 자신의 손으로 서로를 연결하는 몸 놀이를 합니다. 조심조심 놀이를 하며 자신의 신체를 조절하고 친구와 하나가 되는 과정에서 배려하는 방법을 익히게 됩니다.

놀이 도구

시트지(이름표 만들 것: 노루, 토끼, 여우, 사냥꾼), 매직

놀이 즐기기

- 4~5명씩 팀을 나눈다.
- 팀에서 자신의 역할(동화 등장인물: 노루, 토끼, 여우, 사냥꾼)을 정한다.
- 시트지에 매직으로 맡은 역할을 쓰고 가슴에 붙인다.
- 교사가 먼저 등장인물 중 두 명(예: 토끼와 사냥꾼!)을 부른다. 해당하는 두 유아는 두 손으로 상대방 친구의 몸에 손이 닿지 않도록 고리를 만들어 연결한다.
- 교사는 한 명을 더 부른다.(예: 여우!) 해당하는 유아는 연결된 두 친구의 몸에 다시 두 손으로 고리를 연결한다.(나머지 한 명도 이와 같이 한다.)
- 4명이 다 연결되면 교사는 다시 그중 한 유아를 부른다.(예: 노루!) 해당하는 유아는 친구의 몸을 건드리지 않고 손고리를 풀고 다시 다른 친구에게로 가서 고리로 연결한다.(고리를 연결하는 동안 다른 유아들은 움직일 수 없다.)
- 모든 유아가 다 연결되면 또 다시 반복해서 한다.
- 유아들이 고리를 연결하여 만들어진 다양한 모습을 사진으로 남겨 전시한다.

놀이 풍경

난 토끼야.

몸에 손이 닿지 않도록 조심조심

난 여기를 연결할 거야.

와~ 완성했다.

빙고 놀이

유아들이 그림을 보며 상상하고 새로운 세상을 경험하는 것은 매우 중요합니다. 『숲 속 작은 집 창가에』에서 그림이 표현하는 이야기와 인물의 감정표현은 유아들의 호기심을 자극합니다. '빙고 놀이'는 그림책 속 그림을 이용한 놀이입니다. 친구들과 같은 그림 찾기를 즐기고 그림에 관심을 기울일 수 있습니다.

놀이 도구

그림책 속 그림 8개 이상(노루, 토끼, 여우, 사냥꾼, 집, 창문, 나무 등), A3 용지(4등분), 가위, 풀

놀이 즐기기

- 교사는 그림책 속의 그림을 작은 크기로 8개 정도 넣어 출력한다.
- 유아들은 1/4등분 된 A3 종이를 3번 접어 8칸의 빙고 용지를 만든다.
- 출력한 그림을 잘라 빙고 용지의 8칸에 각각 풀로 붙인다.
  - 어떤 그림을 먼저 붙일지 유아 스스로 결정하여 유아들이 만든 빙고 용지는 각각 그림의 순서가 다르다.
- 모둠(8명 정도)이 모여 앉는다.
- 차례를 정하고 첫 술래가 된 유아가 자기 빙고 용지의 양쪽 끝에 있는 그림 중 한 개(예: 사냥꾼!)를 부르며 그림을 잘라낸다.(양쪽 끝에 있는 그림만 부를 수 있다.)
- 술래가 부른 그림(사냥꾼)이 자기 빙고 종이 양쪽 끝에 있으면 그 그림만 잘라낸다.
- 8개의 그림을 다 잘라내면 '빙고'를 외친다.
- 놀이하는 유아 모두가 그림을 다 잘라낼 때까지 놀이를 계속한다.

놀이 풍경

"이렇게 준비하면 되나요?"

"난 나무를 먼저 오려서 붙일 거야."

"난 '노루' 그림이 있어서 잘라냈어."

"빙고를 모두 완성했어요."

나비야 이리 날아오렴

크리스티앙 볼츠 글·그림,
이경혜 옮김, 한울림어린이

『나비 엄마의 손길』은 엄마의 죽음을 슬픔으로 전달하지 않고 엄마와의 행복한 추억으로 담은 따뜻한 이야기입니다. 도란도란 이야기를 나누며 꽃밭을 가꾸는 아빠와 아들은 나비가 된 엄마를 그리워하며 서로 위로합니다.

최근 다문화 가정, 한 부모 가정, 조손 가정 등 다양한 가족 형태가 나타나고 있습니다. 이러한 가족 형태의 변화로 수업에서 혹시 상처를 받는 유아는 없는지 고민할 때가 있습니다. 유아들이 자신과 다른 가족 형태에 있는 친구들을 배려하고 편견 없이 지내도록 하는 것도 중요합니다.

유아들은 나비가 된 엄마가 행복하게 지내도록 도울 수 있는 방법을 찾아봅니다. 나비 엄마가 가족들 곁에서 잘 지낼 수 있도록 종이 접시로 꽃밭도 꾸미고 꽃을 보호하는 팻말도 만들어봅니다. 아이들은 자신들이 소중한 생명을 지켜낼 수 있다는 자긍심을 가질 것입니다. 나비의 생태에 관심을 갖고 알도 되고, 애벌레, 번데기도 되어 보는 놀이도 즐겨봅니다. 주변에서 볼 수 있는 작은 곤충에도 관심을 보이고 보호해주면서 자연과 함께 더불어 지내는 마음을 가질 수 있을 것입니다.

그림책 펼치기

- 그림책을 안내한다.
  "우리 주변에서 자주 볼 수 있는 나비가 그림책 속에 있어요. 이 나비는 어떤 나비인지 그림책을 감상해보세요."
- 그림책의 후속 이야기를 들려준다.
  "선생님이 며칠 전 날씨가 좋아서 산책을 하고 있는데 노랑나비가 훨훨 날아가고 있었어요. 바로 그림책에서 나오는 나비 엄마였어요. 선생님은 반가운 마음으로 나비를 따라 갔어요. 나비 엄마는 꽃밭에서 꿀을 먹고 행복하게 지냈어요. 며칠 후 그 나비가 보고 싶어서 공원에 나가보니 꽃들이 다 시들어 있었어요. 사람들이 꽃이 예쁘다고 꽃밭에 들어가서 사진도 찍고 꽃도 꺾은 거예요. 그래서 나비 엄마는 더 이상 꿀을 먹을 수 없었어요. 나비 엄마는 꽃을 찾아 이리저리 헤매다 그만 쓰러졌어요. 우리가 나비 엄마를 구해줄 수 있는 방법이 있을까요?"
- 나비 엄마를 구해줄 수 있는 방법에 관해 이야기를 나눈다.
- 나비 엄마를 도와줄 수 있는 일을 찾아본다.

놀이 똑! 똑!

『나비 엄마의 손길』은 가족과 생명의 소중함을 느낄 수 있는 놀이로 전개할 수 있습니다. 가족을 그려보거나 편지쓰기도 할 수 있습니다. 나비의 한살이를 알아보며 나비를 표현해보는 활동도 매우 흥미로울 것입니다.

나비 엄마를 위한 꽃밭 꾸미기

그림책을 보고 자연스럽게 나비 엄마를 도울 수 있는 방법에 대해 생각해봅니다. 유아들은 친구들과 협동하며 나비 엄마를 위한 꽃밭을 칼라종이 접시로 꾸며 봅니다. 나비를 위해 아낌없이 꿀을 내주는 꽃에게도 감사하는 마음을 가지며 생명을 존중하고 다른 사람을 배려하는 놀이로 전개합니다.

놀이 도구
칼라 종이 접시, 벽돌 블록, 종이박스 조각, 칼라매직, 인터뷰 마이크

놀이 즐기기
- 모둠으로 나누어 꽃밭 만들기를 한다.
- 칼라 종이 접시로 꽃도 만들고 자석 벽돌 블록으로 울타리도 만든다.
- 꽃밭을 보호하기 위한 팻말을 만들어 세운다.
- 나비 엄마가 꿀을 먹을 수 있도록 초대한다.(역할은 교사나 유아가 한다.)
    "나비 엄마 우리 꽃밭에 와서 맛있는 꿀을 드세요."
    - 나비 엄마는 꽃밭을 훨훨 날아다니면서 꿀을 먹는다.
- 유아들은 나비 엄마와 인터뷰한다.
    "친구들이 만들어준 꽃밭에 와 보니 어떤 기분이 드세요?"
    "나비 엄마는 무슨 꽃을 좋아하세요?"
    "나비 엄마는 꽃이 없는 겨울에는 어떻게 지내세요?"
- '모두가 꽃이야' 노래를 모두 손을 잡고 부른다.
    "우리에게 맛있는 꿀을 준 모든 꽃에게 감사하는 마음으로 노래를 불러볼까요?"
- 나비 엄마와 꽃들이 행복하게 지낼 수 있도록 기도를 한다.

놀이 풍경

또 어떤 꽃을 만들까?

'꽃을 사랑해 주세요' 라고 쓰자.

나비 엄마가 좋아할 거예요.

벽돌 블록으로 울타리도 만들었어요.

꿀을 찾는 나비

나비는 유아들이 좋아하는 곤충 중에 하나입니다. 특히 봄이 되면 다양한 나비를 접하게 되면서 더욱 관심을 가집니다. '꿀을 찾는 나비'는 나비에 관심을 기울이고 곤충과 사람의 관계를 이해하는 놀이입니다. 유아들이 그리거나 만든 나비를 꽃이 피어 있는 밖으로 나가 활용해봅니다. 만든 나비가 꽃의 꿀도 먹을 수 있도록 화단에 놓아봅니다. 나비가 되어 맑은 하늘을 훨훨 날아보는 신체 표현도 합니다. 유아들이 나비에 호기심을 가지고 친숙해지는 시간으로 생명체를 소중히 여기는 마음을 가질 수 있습니다.

놀이 도구
나비 그림, 색연필, 사인펜, 가위, 나무 막대기 또는 빨대

놀이 펼치기
- 나비를 만들거나 색칠하여 오린다.
- 만든 나비를 가지고 화분이 있거나 꽃이 피어 있는 바깥으로 나간다.
- 만든 나비를 들고 나비처럼 꽃 위를 날아본다.
  "나비들이 어디로 날아가고 있나요?"
  "어느 꽃에 앉았나요?"
  - 컬러 스카프를 이용해서 날개를 달고 나비처럼 움직여볼 수도 있다.
- 만든 나비를 화단의 꽃 사이에 꽂는다.
  "우리가 만든 나비들이 어디에서 꿀을 먹으면 좋을까요?"
  "나비들이 맛있는 꿀을 먹을 수 있도록 꽃 옆에 꽂아서 놓아 볼까요?"
- 화단에 꽂은 나비는 유아들이 자유롭게 장소를 옮겨 꽂을 수 있게 한다.
  "오늘은 나비들이 어떤 꽃에 앉았나요?"

놀이 풍경

내가 만든 나비예요.

내 나비는 빨간 꽃에 앉을 거야.

와~ 정말 예쁜 꽃이에요.

우리가 나비가 되었어요.

나비가 되었어요

유아들은 자주 접하는 나비의 생태에 관심이 많습니다. 나비의 한살이 과정인 알, 애벌레, 번데기, 나비를 몸으로 표현하며 놀이로 즐깁니다. 『나비가 되었어요』는 알은 알끼리, 애벌레는 애벌레끼리, 번데기는 번데기끼리 만나 가위바위보를 하며 이긴 유아는 한 단계씩 성장하는 놀이입니다. 유아들은 놀이를 하면서 나비의 한살이를 이해하고 나비와 더욱 가까워질 수 있습니다.

놀이 도구
만든 꽃밭(벽돌로 만들거나 카펫도 꽃밭이 될 수 있다), 손목에 끼울 고무줄

놀이 펼치기
- 나비의 한살이 그림이나 동영상을 감상하고 놀이 방법을 알아본다.
  "나비가 어떤 과정으로 자라는지 과정을 몸으로 표현할 수 있을까요?"
  "표현한 것을 놀이로 만들려면 어떻게 해야 할까요?"
- 유아들은 손목에 고무줄을 한 개씩 끼우고 모두 알이 되어 놀이를 준비한다.
- 두 손으로 알을 표현하며 "알, 알" 외치면서 '알'끼리 만나 가위바위보를 한다.
  - 알은 알, 애벌레는 애벌레, 번데기는 번데기끼리 만나 가위바위보를 한다.
- 진 유아는 이긴 유아에게 손목에 있는 고무줄을 주고 교사에게 새로 고무줄을 한 개 받는다. 그리고 다시 '알'이 된다. 이긴 유아는 고무줄이 두 개가 되고 애벌레가 된다.
- 애벌레가 된 유아는 애벌레 몸짓을 하며 "애벌레, 애벌레" 하고 애벌레끼리 만나 가위바위보를 한다. 진 유아는 고무줄이 한 개가 되어 다시 알이 된다. 이긴 유아는 고무줄이 3개가 되어 번데기가 된다.
- 번데기끼리 만나 가위바위보를 하고, 이긴 번데기는 고무줄이 4개가 되고 나비가 되어 꽃밭으로 날아간다.(나비가 된 유아들이 모이는 공간을 꽃밭이라고 유아들과 사전에 약속한다.)

놀이 풍경

알

애벌레

번데기

나비

이번에 이기면 나는 나비가 될 수 있어.

우리는 나비가 되어서 꽃밭에 날아왔어요.

돼지와 늑대가 친구가 되었대요

에드 브라이언 글·그림,
박종석 옮김, 사파리

『아기돼지 삼형제』는 대부분 아이가 자라면서 한 번쯤은 보는 동화책입니다. 최근에는 늑대의 입장에서 재해석한 것도 있는데, 약자와 강자 사이에서 벌어지는 일이라는 맥락은 원래 이야기와 비슷합니다.

그런데 재미에 중점을 두다 보면 강자와 약자, 우리 편과 남의 편에 대한 편견을 갖게 되는 것을 간과하는 경우가 있습니다. 지푸라기로 지은 집이나 나무로 지은 집보다 벽돌로 지은 집이 최고라든가, 늑대는 늘 약자를 괴롭히는 존재로만 여겨질 수도 있습니다. 늑대가 펄펄 끓는 물에 빠진다는 것은 유아들의 정서에 맞지 않기도 합니다. 따라서 유아들에게 상대를 이해하고 배려하는 태도로 편견을 갖지 않도록 그림책의 내용을 살피고 놀이로 전개합니다. 그림책을 본 후에는 늑대와의 인터뷰를 통해 늑대는 왜 계속 돼지들의 집을 날려버렸는지 생각해볼 기회를 줍니다. 상대방의 마음을 헤아리는 태도를 가지게 하는 것이 중요합니다.

그림책 펼치기

- 늑대가 셋째 돼지네 집에 간 장면까지 그림책을 본 후 이야기를 나눈다.
 "늑대가 돼지네 집에 갔을 때 왜 돼지들은 모두 문을 잠갔을까요?"
- 늑대의 생각을 알아보기 위해 유아들이 늑대를 직접 인터뷰를 한다. (교사가 늑대 가면을 쓰고 늑대 역할을 한다.)

 "늑대야! 왜 돼지네 집에 갔니?"

 "첫째 돼지가 지푸라기로 집을 지었을 때 그 집이 아주 예뻐서 지푸라기 집을 어떻게 짓는지 물어보러 간 거야. 그런데 내가 "돼지야!" 부르기만 했는데, 돼지는 아무 말도 안 하고 문을 쾅 닫고 열어주지 않았어. 그래서 화가 나서 집을 훅 날려 버린 거야. 둘째한테는 바람이 시원하게 들어오는 나무 집이 멋져서 집을 어떻게 짓느냐고 물어보러 갔는데 둘째도 문을 안 열어줘서 화가 나서 훅 날려 버렸어. 나 잘했지?"

 "아니! 친절하게 말해야 해. 화내면 안 돼. 그러니까 돼지가 문을 안 열어준 거야."

 "친절하게 말하면 되는 거야? 어떻게 말하는 게 친절하게 말하는 건데?"

 "목소리가 너무 크면 화난 것 같이 보여. 부드럽게 말해야 해."

 "알았어. 이젠 부드럽게 말할게. 그런데 집을 날려버려서 돼지에게 정말 미안해. 그래서 돼지 집을 지어주고 싶어. 나 혼자 못하겠어. 너희들이 도와줄 수 있겠니?"

 "그래 우리가 도와줄게."
- 늑대를 도울 수 있는 방법을 찾아본다.

놀이 똑! 똑!

늑대와 돼지가 더 이상 서로 갈등하는 존재가 아닌 이해하고 돕는 관계가 되는 놀이를 전개합니다. 늑대는 부서진 돼지의 집을 지어주고 유아들은 늑대의 집을 지어줍니다. 늑대와 돼지에 대해 편견을 갖지 않고 협력하며 배려하는 행복한 놀이를 즐기게 됩니다.

돼지네 집짓기

늦대는 돼지를 괴롭히는 친구라는 편견을 가지지 않도록 늑대와 돼지가 서로를 이해하고 친구가 될 수 있는 내용으로 놀이를 전개합니다. 유아들은 늑대를 도와 종이컵으로 돼지 집을 지어 주며 다른 친구를 도울 수 있다는 자긍심을 갖습니다. 유아들이 충분히 활동할 수 있는 넓은 장소를 선택하여 놀이합니다. 종이컵은 유아들이 다루기 쉽고 다양한 형태로 구성할 수 있는 재료로 활용도가 매우 높습니다.

놀이도구
종이컵, 종이박스 조각, 화이트보드, 블록, 보드마카, 보드마카 지우개

놀이 즐기기
- ♥ 집짓기 재료를 알아보고 유아들에게 더 필요한 것은 없는지 물어본다.
  "종이컵과 화이트보드가 있어요. 혹시 집짓기를 하는 데 더 필요한 것은 없나요?"
  "종이와 사인펜, 색연필이 있으면 꾸미기도 할 수 있어요."
- ♥ 늑대가 부탁한 돼지 집을 종이컵으로 친구들과 함께 짓는다.
- ♥ 만든 집을 친구들에게 소개한다.

놀이 팁
유아들이 종이컵으로 집을 만드는 과정에서 무너질 수도 있습니다. 이때 교사는 "조심해야 해요!" "다시 쌓아요!" 등 문제 해결을 지시하거나 개입하지 않습니다. 유아들이 서로 의견을 나누며 갈등을 해결할 수 있도록 기다려주면 놀이가 더욱 풍부해집니다.

놀이 풍경

돼지네 집을 어떻게 지을까? 먼저 그려보자.

조심조심! 무너지지 않게 조심하자.

침대도 만들었어요.

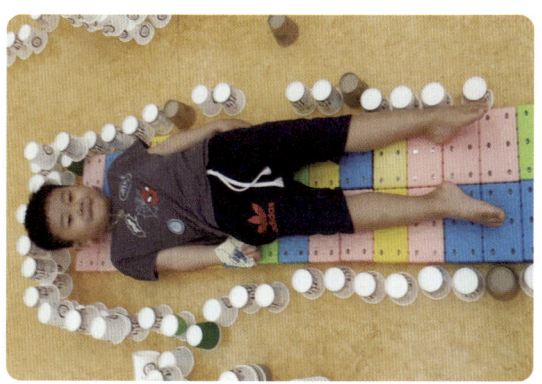

여기는 화장실이에요.

늑대네 집짓기

늑대는 돼지처럼 지푸라기 집, 나무집, 벽돌집을 짓고 싶어 하지만, 늑대는 집을 지을 줄 모릅니다. 이번에는 늑대가 행복하게 살 수 있는 멋진 집을 지어 늑대를 초대합니다. 유아들은 어떻게 접을지 이리저리 친구들과 고민하며 문제를 해결하기 위해 친구들과 협력합니다. 늑대네 집을 완성해가며 늑대를 도와주는 보람된 시간을 보낼 수 있습니다.

놀이 도구
A4 이면지, 투명 테이프, 쓰기 도구

놀이 펼치기
- 집이 없는 늑대를 도울 방법을 알아본다.
    "친구들이 부서진 돼지 집을 다시 지어줬어요. 돼지들이 아주 행복하게 살 수 있어요. 그런데 늑대가 살 수 있는 집이 없대요. 우리가 또 도와줄 수 있을까요?"
    "늑대네 집도 우리가 지어줘요."
    "늑대에게 이 종이(A4 이면지)가 많이 있다고 해요. 이 종이는 접거나 구겨서 사용할 수 있지만 찢을 수는 없대요. 그러나 테이프는 사용할 수 있어요. 늑대를 위한 특별한 집이 어떻게 지어지는지 궁금하네요."
- 모둠으로 앉아 어떻게 만들 것인지 의견을 나눈다.
- 생각을 충분히 한 모둠은 집짓기를 시작한다.
    "늑대 가족이 모두 함께 살도록 커다랗게 만들 거예요."
    "돼지가 놀러 오면 그네도 탈 수 있게 할 거예요."
- 자기 모둠에서 지은 집을 친구들에게 자세히 설명한다.
    "여기는 늑대가 이층으로 올라가는 계단이야. 종이를 접어서 만들었어."
- 다른 친구들이 만든 늑대의 집을 감상한다.

놀이 풍경

우리가 만든 3층 집을 늑대가 좋아할 거야.

여기에 테이프를 더 붙여줘. 흔들려서 부서질 것 같아.

'착한 늑대네 집' 이라고 쓰자.

여기에 종이를 더 연결해야겠어.

늑대 집에 놀러 가요

집짓기 놀이의 후속으로 늑대와 돼지가 사이좋게 지내는 이야기를 전개합니다. 늑대네 집으로 놀러가려면 시냇물을 건너야 하는데, 아기돼지 삼형제가 서로 손을 잡고 시냇물을 건너야 합니다. 놀이를 통해 유아들은 어떻게 친구를 도와줘야 하는지, 어떻게 하면 물에 빠지지 않는지 문제를 해결하는 방법을 익힐 수 있습니다.

놀이 도구

원 판(디딤돌) 4개, 돼지 머리띠 3개

놀이 펼치기

- 놀이를 안내한다.
 "돼지 3형제가 늑대 집에 놀러 가고 있어요. 그런데 큰 시냇물을 만났어요. 여기 디딤돌이 4개 있어요. 시냇물이 넓은데 어떻게 건너갈 수 있을까요? 디딤돌을 어떻게 이용하는지, 서로 어떻게 도와야 하는지 생각해볼까요? 디딤돌을 이용해서 아무도 물에 빠지지 않도록 시냇물을 건너 늑대 집에 놀러 갈 수 있는 방법을 친구들과 찾아보세요."
- 3명(첫째, 둘째, 셋째 돼지)을 한 모둠으로 한다.
- 돼지들은 머리띠를 한다.
- 원 판(디딤돌) 4개를 이용해서 돼지 삼형제가 시냇물을 건너간다.
- 물에 빠지지 않도록 서로 잡아주고 디딤돌을 옮겨 놓으면서 늑대 집으로 간다.
- 놀이에 익숙해지면 디딤돌을 하나씩 줄여가며 도전해본다.

놀이 풍경

디딤돌 4개로 건너보자.

우리는 3개로 건너보자.

디딤돌 3개는 좀 어려운데….

2개로 하는 건 쉽지 않네.

우리 동네에 놀러 오세요

정지윤 글·그림, 웅진주니어

『우리 동네 한 바퀴』는 채소 장사하는 준구네 집 달력 한 장이 식당 아주머니, 종이를 줍는 할머니, 길 고양이를 거쳐 현서의 손까지 오는 과정을 그린 이야기입니다. 종이는 현서의 손에서 다시 멋진 종이비행기가 되어 동네 한 바퀴를 돌아 결국 다시 준구네 집으로 날아옵니다. 나무 그늘 아래 할머니들, 식당에서 일하시는 분 등 동네의 모습을 세밀하고 따뜻하게 그려냈습니다. 동네 사람들의 소소한 모습을 보면 스스로 동네 사람이 되어 함께 어울리고 싶어집니다.

동네는 아이들이 다양한 세상을 경험할 수 있는 공간입니다. 가게, 소방서, 경찰서, 도서관 등 장래 꿈을 일굴 수 있는 희망의 일터이기도 합니다. 놀이터나 길가에서 마주하는 친구나 이웃은 가족 밖 더 넓은 세상의 디딤돌이 되기도 합니다.

우리 동네의 구석구석 이야기를 유닛 블록으로 만들고 표현해봅니다. 내가 살고 싶은 동네를 꿈과 상상을 담아 넓은 바닥에 끝없이 그림으로 펼쳐봅니다. 주변 사람들의 정겨운 이야기를 유아의 시선으로 행복하게 담아낼 것입니다.

그림책 펼치기

- 그림책 장면마다 그림을 자세히 살피며 그림 속 인물들의 상황을 알아본다.

    "준구네 아빠는 어떤 일을 하실까요?"

    "핸드폰을 들고 뛰어가는 어린이가 보이네요. 무슨 일이 일어났을까요?"

    "오토바이를 타고 가시는 분들은 무슨 일을 하러 가실까요?"

- 그림을 보며 어디에서 나는 소리인지, 앞으로 이야기가 어떻게 전개될 것 같은지 상상해본다.

    "'얘야, 조심해야 한다, 너무 높게 올라가면 안 돼요.' 이런 소리가 나는데 어디에서 나는 소리일까요?"

    "여기 있는 할머니는 무슨 이야기를 나누고 계실까요?"

    "아저씨는 페인트 통을 들고 어디로 가실까요?"

    "종이비행기가 동네를 날면서 본 것은 무엇일까요?"

    "현서네 동네에는 어떤 즐거움이 있을까요?"

- 그림책을 감상한 후 놀이를 만든다.

놀이 똑! 똑!

『우리 동네 한 바퀴』에서 보이는 사람들의 표정, 움직임을 하나하나 살피며 감상하면 더욱 생동감 있는 동네의 모습을 느낄 수 있습니다. 동네에는 무엇이 있는지, 어떤 동네에 살고 싶은지 유아들이 다양한 자료들을 활용하여 표현하면서 놀이를 즐기도록 하는 것이 중요합니다.

우리 동네를 만들어요

그림책에서 나오는 동네의 이야기를 주변에서 본 경험이 있는지 이야기를 나눕니다. 유아들이 살고 싶어 하는 동네를 유닛블록과 나무젓가락을 이용해 꾸며봅니다. 유닛블록을 사용하기에 교실 공간이 좁으면 강당이나 넓은 장소를 활용하여 놀이를 전개합니다. 동네를 만드는 과정을 통해 친구들의 의견을 수용하고 표현하면서 협동하는 마음을 배울 수 있습니다.

놀이 도구

유닛블록, 나무젓가락, 그리기 도구, 골판지, 가위, 테이프, 장난감 자동차, 화이트보드

놀이 즐기기

- ♥ 우리가 살고 싶은 동네에 대해 이야기를 나눈다.
- ♥ 친구들과 동네를 어떻게 꾸미고 싶은지 알아본다.
- ♥ 친구들과 동네를 꾸민다.
- ♥ 30분 정도 지나면 잠시 휴식하며 자신들이 만든 동네를 관찰한다.
  "더 만들고 싶은 것은 무엇인가요?"
- ♥ 친구들과 다시 동네를 더 꾸민다.
- ♥ 동네를 다 꾸민 후 어떤 동네인지 친구들에게 자세하게 설명한다.
- ♥ 다른 반 친구도 초대하여 꾸민 동네를 감상할 수 있도록 전시한다.

놀이 풍경

"우리 동네 설계도예요."

"키즈 카페에 미끄럼틀도 만들자."

"멋진 동네가 완성되었어요."

"내가 만든 작품을 소개할게."

내가 살고 싶은 동네 바닥화 그리기

어른들은 어렸을 때 흙에 그림을 그려본 경험이 있지만, 요즘 유아들은 그런 경험이 많지 않습니다. 강당이나 교실의 교구들을 양옆으로 밀어 최대한 공간을 넓혀서 유아들이 맘껏 그리기를 즐길 수 있도록 합니다. 충분한 공간이 없을 경우 개인별 화이트보드를 활용하거나 바닥에 전지를 연결하여 깔고 활동할 수도 있습니다. 상상 속 동네를 맘껏 그려보며 넓은 세상을 경험한다면 유아들의 꿈도 그만큼 커질 것입니다.

놀이 도구

보드마카, 보드마카 지우개 또는 물티슈

놀이 즐기기

- ♥ 준비물을 보고 어떤 놀이를 할 수 있는지 알아본다.
  "오늘 놀이의 준비물은 보드마카, 보드마카 지우개 또는 물티슈입니다. 이 재료를 이용해서 어떤 놀이를 해볼 수 있을까요?"
- ♥ 살고 싶은 동네 그리기 놀이를 즐겁게 할 수 있는 약속을 알아본다.
  "그림을 그릴 때 다른 친구들의 그림이 실수로 지워지면 어떻게 할까요?"
  "보드마카를 바르게 사용하는 방법은 무엇인가요?"
  "'우리 동네 바닥화'가 완성되면 어떻게 할까요?"
  "어떻게 하면 그림이 깨끗하게 지워질까요?"
- ♥ 유아들은 편안한 자세로 살고 싶은 동네를 바닥에 그려본다.
- ♥ 그림을 그린 후 친구들에게 자신의 그림을 소개한다.
- ♥ 다른 반 친구들도 감상할 수 있도록 동네 바닥화를 전시한다.

놀이 풍경

> 넓은 바닥에 그리니까 참 재미있다.

> 우리 집 옆에 있는 마트도 그릴 거야.

> 여기는 바다가 보이는 동네야.

> 멀리서 보니까 더 멋지다~

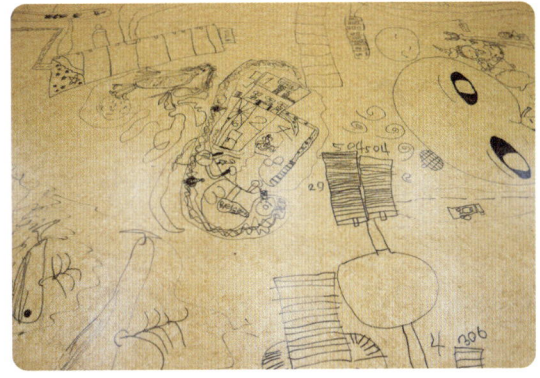

풍선이 만나는 새로운 세상

옐라 마리 그림, 시공주니어

『빨간 풍선의 모험』은 유아들의 자유로움과 상상력이 듬뿍 담겨 있습니다. 빨간 풍선은 새로운 세상을 만날 때마다 사과가 되기도 하고, 꽃이 되기도 합니다. 하늘로 날아간 풍선은 다시 나비도 되고, 우산이 됩니다. 마치 아이들이 상상하는 세상을 경험하는 듯합니다. 풍선은 아이들에게 환상과 희망을 품게 합니다. 풍선처럼 하늘을 날고 싶어 하고, 풍선처럼 아무도 가지 않은 새로운 세상으로 모험을 떠나고 싶어 합니다.

유아들도 색종이를 오려 풍선을 만들며 모험 여행을 합니다. 오리며 점점 늘어나는 색종이의 수도 세어보고, 다양한 모양의 풍선이 되어보기도 합니다. 혼자도 해보고, 둘이도 하고, 셋이서도 하면서 친구들과 생각도 모아 봅니다. 유아들의 경험과 상상력을 바탕으로 꾸며내는 작품에서 생각이 성장하는 것을 발견할 수 있습니다.

글 없는 그림책을 보며 유아들은 자신이 작가가 된 듯 상상력을 발휘해 이야기를 엮어낼 수도 있습니다. 친구들과 그림책에서 풍선이 변한 사과, 꽃, 나비, 우산 그림을 이리저리 놓아보며 새로운 이야기도 엮어봅니다. 같은 그림이지만 순서를 바꾸어 연결하면 새로운 동화 세상이 만들어집니다.

그림책 펼치기

- 그림책의 표지를 보며 상상해본다.
  "빨간 풍선은 어떤 모험을 떠날까요?"
  "여러분도 풍선과 함께 모험을 떠난다면 어디로 가고 싶나요?"
- 그림책을 한 장 한 장 감상하며 이야기를 나눈다.
  "(첫 장을 넘기며) 친구가 풍선을 불고 있네요. 어떤 모양이 될까요?"
  "(두 번째 장면) 풍선이 점점 커졌네요. 계속 불면 어떤 일이 생길까요?"
  "(세 번째 장면) 날아간 풍선은 어떻게 되었을까요?"
  - 다음 장면에 풍선이 어떻게 변할지 유아들이 충분히 상상하도록 기다려준다.
- 그림책을 감상한 후 놀이를 찾아본다.
  "그림책 속의 풍선을 놀이로 만날 수 있을까요?"

놀이 똑! 똑!

유아들은 자주 풍선으로 놀이를 즐깁니다. 주로 직접 풍선을 가지고 자유롭게 놀거나 게임으로 즐기는 경험을 많이 합니다. 새로운 재료를 활용하여 풍선을 꾸며보는 놀이 경험도 매우 흥미롭습니다. 유아들의 상상력이 그림책 풍선처럼 변화되고 커질 수 있도록 다양한 놀이 경험을 지원해야 합니다.

색종이로 풍선 만들기

그림책을 보며 풍선이 어떻게 변하는지 자세히 보고 자른 색종이를 연결하여 풍선을 만들어봅니다. 혼자 또는 여럿이 오린 색종이를 연결하여 풍선이 어떤 모양으로 변하는지 상상력을 발휘하여 꾸며봅니다. 가위를 사용할 기회가 적은 유아들의 소근육을 자극할 수도 있고 친구들과 생각을 모아 다양하게 꾸미며 창의력을 키울 수 있습니다.

놀이 도구
색종이, 가위

놀이 즐기기
- 준비된 재료(색종이, 가위)를 탐색한다.
  "이 재료로 어떤 놀이를 할 수 있을까요?"
- 둥글게 앉은 후 색종이를 나눠 갖는다.
- 색종이를 반으로 접어 자른 후 다시 반으로 접는다.
  "몇 장이 되었나요? 자른 색종이로 무엇을 꾸며볼까요?"
- 다시 색종이를 반으로 접어 자른다.
  - 점점 늘어나는 색종이의 수를 익히고 색종이를 연결하여 풍선 모양을 만든다.
- 2명이 모여 색종이를 모아 풍선이 어떻게 변할지 상상해서 꾸며본다.
- 3명, 4명 점점 많은 친구들의 색종이를 모아 더 다양하게 꾸민다.
- 색종이 뿌리기를 한다.
  "친구들과 만든 풍선이 바람에 하늘 높이 날아갔대요. 색종이는 어디까지 날아갔을까요? 하늘까지 닿을 수 있을까요?"
  - 종이컵에 자른 색종이를 모아 하늘로 던져본다.

놀이 풍경

색종이 풍선으로 내 이름을 만들었어.

우린 꽃으로 변한 풍선을 만들어볼까?

풍선이 무지개로 변했어요.

색종이 풍선이 하늘 높이 날아갔어요.

새로운 이야기 만들기

유아기는 언어 발달이 빠르게 진행되는 시기입니다. 유치원에서 지속적으로 언어 놀이를 경험한다면 자기 표현력이 향상되고 글자에 관심이 커질 것입니다. 그림책에 나오는 그림을 카드로 만들어 모둠별로 이야기 꾸미기 놀이를 합니다. 사과, 꽃, 나비, 우산 그림으로 재미있고 자연스러운 이야기가 되도록 친구들과 머리를 마주대고 생각해봅니다. 도란도란 이야기 나누며 다른 사람의 의견을 수용하는 방법을 배울 수 있습니다. 이리저리 카드 순서를 바꿔 재미난 이야기 만들기는 언어 표현력을 높일 수 있는 좋은 경험이 됩니다.

놀이 도구
그림 카드, 필기도구

놀이 즐기기
- 풍선이 변한 그림(사과, 꽃, 나비, 우산)을 가위로 오려 카드를 만든다.
- 모둠별로 글자 카드를 가지고 앉는다.
- 그림 카드의 순서를 앞, 뒤로 옮기며 새롭고 재미난 이야기를 완성한다.
  - 이야기는 한 번만 만드는 것이 아니라 순서를 여러 번 바꿔 재미난 이야기를 다양하게 만들어본다.
- 완성된 이야기를 모둠별로 발표한다.
- 그림 카드를 영역에 비치하면 유아들이 자유놀이 시간에 수시로 활용할 수도 있다.

놀이 풍경

> 나비를 제일 먼저 하면 어떨까?

> 이야기가 점점 재미있어진다.

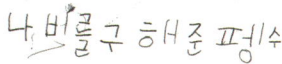
나비를구해준펭수

꽃   나비   사과   우산

펭수가 꽃을 심어서 나비가 날아와서 꿀을 먹고 날아가는 대켸다란 사과가 뚝 떠러져서 나비날개를 덮었어요 그대 펭수가 나비를 구해 조써요

꽃   사과   우산   나비

꽃밭시 보여어요
배고파서 사과를 먹거어요.
갑자기 비가와서 마트 사깡님이 우산을 주엇어요

종이배로 즐기는 뱃놀이

존 버닝햄 글·그림,
이주령 옮김, 시공주니어

『검피 아저씨의 뱃놀이』는 검피 아저씨와 아이들, 동물 친구들이 뱃놀이를 하며 겪게 되는 이야기입니다. 배를 태워달라는 아이들과 동물들에게 떠들지 않기, 장난치지 않기, 싸우지 않기로 약속 하고 배를 태워 줍니다. 그러나 약속을 안 지킨 아이들과 동물들 때문에 배가 뒤집힙니다. 이런 아이들과 동물들의 익살스러운 말썽에 유아들은 더욱 흥미를 느낍니다.

그림책을 감상한 후 유아들과 물놀이와 관련된 안전 약속에 대해 알아보고 동극, 미술, 신체활동 등 놀이로 전개해볼 수 있습니다. 신문지로 구명조끼도 만들고 만든 구명조끼를 활용한 패션쇼도 펼칩니다. 신문지로 구명조끼 만들기는 안전과 관련된 구연동화를 들려주며 만들면 만드는 과정을 더 쉽게 이해할 수 있습니다. 비가 된 신문지 위에서 물고기가 되어 신나게 헤엄치기도 합니다. 유아들이 상상하지 못한 자기키보다 더 큰 종이로 배를 만들어 직접 타 봅니다. 파라슈트를 펄럭펄럭 움직여 파도를 만들며 검피 아저씨처럼 뱃놀이를 즐겨봅니다.

그림책 펼치기

- 그림책을 감상한 후 이야기를 나눈다.

    "아저씨는 왜 동물들에게 약속을 지키라고 했을까요?"

    "약속을 안 지킨 동물친구들에게 아저씨는 왜 화를 내시지 않았을까요?"

    "만약 화를 내셨다면 어떤 일이 벌어질까요?"

- 물놀이 안전에 대해 알아본다.

    "안전한 물놀이를 위해 지켜야 할 약속과 필요한 물건은 무엇이 있을까요?"

- 그림책을 보고 우리가 할 수 있는 놀이를 찾아본다.

    "우리가 그림책 속의 뱃놀이를 즐겨보려면 어떤 방법이 있을까요?"

놀이 똑! 똑!

먼저 신문지로 종이배를 접습니다. 교사의 동화 구연에 따라 접은 배를 찢어가며 물에 빠진 동물 친구들을 위한 구명조끼를 만듭니다.

1. 검피 아저씨가 배를 타고 고기를 잡으러 넓은 바닷가로 갔어요. (배를 좌우로 흔든다)

2. 그런데 한 참 후 구름이 끼더니 배 앞부분이 파도에 "쾅" 하고 부딪쳐서 부서졌어요.

    (배의 앞부분을 손으로 찢는다)

3. 한 참 후 커다란 파도가 오더니 배 뒷부분이 파도에 "쾅" 하고 부딪쳐서 부서졌어요.

    (배의 뒷부분을 손으로 찢는다)

4. 파도는 점점 더 커졌어요. 이번에는 윗부분이 파도에 "쾅" 하고 부딪쳐서 부서졌어요.

    (배의 윗부분을 손으로 찢는다)

5. 그래서 그만 배는 바다 속으로 쑥 빠졌어요. 검피 아저씨는 어떻게 되었을까요? 어떻게 하면 검피 아저씨를 구해낼 수 있을까요?

6. 한참 후 바다 속에서 검피 아저씨가 나타났어요. 바로 검피 아저씨는 이것을 입고 있었지요.

    (양쪽 끝부분, 윗부분을 찢은 배를 펼치면 구명조끼의 모습이 된다)

신문지 패션쇼

만든 구명조끼를 입어 봅니다. 똑같은 방법으로 만든 구명조끼이지만, 친구들의 다른 구명조끼를 감상하고 무대에서 패션쇼를 펼칩니다. 구명조끼를 다양한 디자인으로 더 꾸밀 수 있게 하거나 디자이너와 모델로 역할을 나눠서 패션쇼를 해보는 것도 흥미롭습니다. 무대에 오르는 것을 두려워하거나 소극적인 유아들은 친구들과 함께 출연할 수 있게 하여 놀이를 충분히 즐기게 합니다. 무대 배경, 음악, 조명과 함께하면 패션쇼를 더욱 신나게 즐길 수 있습니다.

놀이 도구

신문지로 만든 구명조끼, 패션쇼 음악, 조명

놀이 즐기기

- 구명조끼를 입고 서로의 작품을 감상해본다.
- 구명조끼를 이용해 놀이를 확장할 수 있는 방법을 알아본다.
- 구명조끼를 이용해 패션쇼를 계획한다.
- 디자이너와 모델, 무대 배경 꾸미기 등 하고 싶은 역할을 정한다.
- 디자이너는 모델의 의상을 신문지를 이용해 꾸민다.
- 구명조끼 패션쇼를 펼칠 무대를 꾸미고 활동을 시작한다.
    - 패션쇼의 흥미를 더하기 위해 음악과 조명도 준비한다.
- 모델들의 워킹이 끝나면 디자이너들도 함께 무대에 나가 인사를 한다.

놀이 풍경

난 디자이너야.
너에게 딱 맞는 옷을
만들어줄게.

다리도 꾸며보자.
로봇이 된 모델이야.

우리는 멋진 모델입니다.

우린는 예쁜 옷을 만든
디자이너입니다.

구명조끼가 비가 되었어요

신문지 구명조끼를 잘게 찢어 뭉쳐보기도 하고 작은 조각을 이리저리 날려봅니다. 하늘 높이 던진 신문지 뭉치는 비가 되어 바다에 떨어집니다. 유아들은 물고기가 되어 바다 속에서 신나게 헤엄도 치며 마음껏 신체를 움직여 봅니다. 신문지가 이리저리 모양이 바뀔 때마다 유아들은 새로운 놀이를 만들며 즐거운 시간을 갖습니다.

놀이 도구
신문지 전지 1장

놀이 즐기기

- ♥ 신문지로 만든 구명조끼를 잘게 찢어 비 놀이를 한다.
  "이젠 구명조끼가 낡아서 신문지가 비가 되었대요. 어떻게 신문지가 비가 되었을까요?"
  - 유아들은 신문지를 잘게 찢어 뭉쳐서 하늘 높이 던진다.
  "비는 산에도 떨어지고 우리 유치원에도, 바다에도 떨어졌어요. 바다에는 물고기가 신나게 헤엄을 치고 있어요."
  "이젠 우리 모두 물고기가 되어 볼까요?"
- ♥ 유아들은 물고기가 되고 바다 속에서 신나게 헤엄을 친다.
  "물고기들은 바다 속에서 꼬리를 흔들며 헤엄을 쳤어요. 어? 깊은 곳에서는 바다거북도 있어요. 그때 커다란 상어가 나타났어요. 물고기들은 어떻게 할까요?"
  - 유아들의 신체 표현이 다양해지도록 상황을 살피며 재미난 이야기로 구연해본다.
- ♥ 사용한 신문지는 다시 검은색 비닐봉지에 넣어 천둥이 되고 하늘 높이 던져진다.
  "이젠 비가 천둥이 되었어요."

놀이 풍경

종이배가 구명조끼가 되었어요.

배 앞부분이 부서졌어요. 쭉! 찢어요.

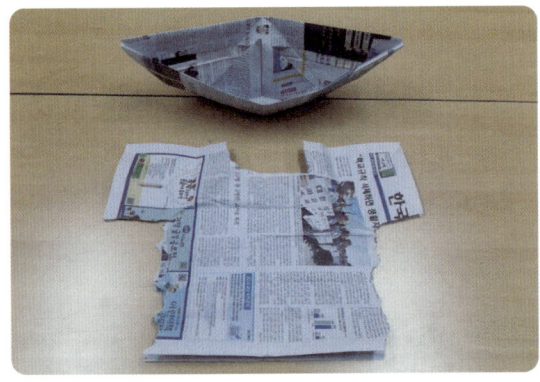

비가 바다에 내렸어요. 물고기가 헤엄쳐요.

비가 천둥이 되었어요.

뱃놀이 가요

친구들과 전지 2장을 연결한 종이로 커다란 배를 접어 뱃놀이를 합니다. 유아들이 탈 수 있도록 시트지를 단단하게 붙이고 꾸밉니다. 색종이로 작게만 접었던 종이배를 커다랗게 만들어 유아들이 직접 타보는 새로운 경험을 하게 됩니다. 파라슈트를 이용하여 파도치는 모습을 다양하게 표현하면서 뱃놀이의 즐거움을 함께 나눌 수 있습니다.

놀이 도구
전지 2장, 시트지, 가위, 파라슈트, 배경음악, 동물 모자, 배를 저을 수 있는 노

놀이 즐기기
- 자유놀이 시간에 친구들과 전지 2장을 연결하여 커다란 배를 접는다. 접은 배의 안과 밖은 모두 시트지를 붙여 단단하게 하고 꾸민다.
- 뱃놀이 재료를 탐색한다.
  "파라슈트, 종이배, 노를 이용해서 어떻게 뱃놀이를 즐길 수 있을까요?"
- 파라슈트를 활짝 펴고 만든 배를 가운데 놓는다.
- 유아 2명이 배를 타고 노를 젓는다.
- 유아들은 파라슈트 둘레에 앉아 모서리를 잡고 흔들며 파도를 만든다.

놀이 팁
교사는 유아들이 신나게 파도를 만들고 즐겁게 뱃놀이를 할 수 있도록 "잔잔한 파도가 있어요. 그런데 갑자기 먹구름이 끼더니 파도가 점점 커지기 시작했어요. 파도는 산처럼 커졌어요. 배가 심하게 흔들리네요" 등의 다양한 표현으로 놀이를 지원합니다.

놀이 풍경

와!
커다란 배를 접었다.

배가 찢어지지 않도록
시트지를 꼼꼼하게 붙이자.

파라슈트를 세게 흔드니까,
정말 파도가 치는 것 같아.

빨리 노를 저어야겠어.

봄놀이, 꽃놀이

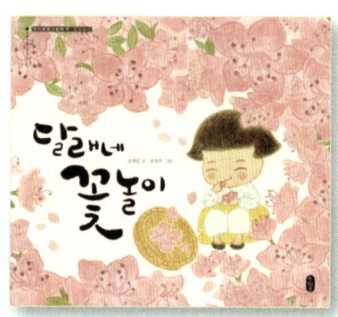

김세실 글, 윤정주 그림, 책읽는곰

『달래네 꽃놀이』는 봄바람 살랑 부는 따뜻한 삼짇날, 달래네 식구들이 솥이며 화로며 소반을 이고 지고, 진달래꽃 활짝 핀 산으로 봄나들이를 떠나는 이야기입니다. 곱디고운 진달래꽃으로 화전이랑 화채도 만들어 먹고, 진달래꽃 꽃술을 따서 꽃싸움도 하고, 고모가 부르는 꽃타령에 맞춰 춤을 추며 즐거운 하루를 보냅니다.

꽁꽁 얼어붙었던 유치원 텃밭에 아지랑이가 피어오르면, 봄을 맞을 준비가 되었다는 뜻입니다. 유치원의 텃밭을 가꾸는 일부터 자연놀이가 시작됩니다. 아이들과 흙을 만지러 텃밭으로 나갑니다. 흙을 만지고 흙을 좋아해야 아이들이 자연 안으로 들어갈 수 있겠지요. 도시 아이들은 흙을 밟을 일이 자주 없습니다. 늘 상추와 고추 등을 심었던 텃밭 한쪽에 올해는 꽃을 심어 보았습니다. 꽃밭을 가꾸어 꽃을 가지고 다양한 놀이를 해보려고 합니다.

그림책 펼치기

- 표지를 보며 유아들과 이야기를 나눈다.
  "어떤 이야기가 나올지 상상해볼까요?"
- 그림책을 읽고 유아들과 이야기를 나눈다.
  "달래네 가족처럼 꽃놀이를 가본 적이 있나요?"
  "달래네 가족은 꽃놀이 가서 무엇을 했나요?"
  "달래네 가족처럼 꽃을 먹어본 적이 있나요?"
- 놀이를 계획한다.
  "『달래네 꽃놀이』를 읽어 보니 하고 싶은 놀이가 있었나요?"
  "우리도 봄놀이, 꽃놀이 가고 싶어요."
  "달래처럼 꽃을 먹어보고 싶어요."
  "우리도 꽃밭이 있으면 좋겠어요."
  "달래가 신은 고무신을 신어보고 싶어요."
  "꽃을 따서 엄마에게 선물하고 싶어요."

놀이 똑! 똑!

  봄날, 유치원 주변을 산책하다 보면 아이들은 꽃과 나무 등 자연물에 관심을 보입니다. 아이들이 천천히 주변을 살펴보고 날씨와 시간에 따라 변화하는 자연물에 관심을 가질 수 있도록 해주세요. 산책을 하다 보면 꽃을 꺾거나 풀을 뽑을 때도 있고 열매를 따 먹어보기도 합니다. 산책과 자연놀이의 목적은 우리도 자연의 한 부분임을 알게 하는 것입니다. 자연을 소중하게 생각하고 감사하는 마음을 먼저 알려주세요.

꽃 카나페 만들기

아이들과 함께 유치원 주변을 산책합니다. 봄의 기운이 일렁이는 유치원 주변에는 작고 예쁜 꽃들이 아이들을 반겨줍니다. 민들레꽃, 진달래꽃, 벚꽃, 이름 모를 작은 풀꽃들이 보입니다. 『달래네 꽃놀이』를 읽고서 달래네 가족이 꽃을 먹는다는 이야기에 아이들이 흥미를 보입니다. 아이들이 꽃을 이용하여 요리를 해보자고 합니다. 진달래꽃을 활용한 화전을 만들어볼까 하다가 만 3세 아이들도 쉽게 할 수 있고 불을 사용하지 않고 안전하게 요리 활동을 즐길 수 있는 카나페를 만들어봅니다. 만 5세 아이들이라면 그림책 속 달래네 가족이 했던 것처럼 화전을 만들어보면 좋겠습니다.

놀이 도구
식용꽃, 딸기잼, 사각 모양의 과자

놀이 즐기기
- ♥ 꽃을 가지고 할 수 있는 재미있는 자연 놀이는 무엇인지 이야기 나눈다.
  "꽃으로 어떤 놀이를 해보고 싶나요?"
  "꽃으로 할 수 있는 다양한 요리가 있어요."
  "불을 사용하지 않고 할 수 있는 요리가 있나요?"
- ♥ 유기농 식용꽃을 준비하여 색깔은 어떤지, 향기는 어떤지, 모양은 어떤지 느낌을 말하며 탐색한다.
- ♥ 과자에 딸기잼을 바른 다음 좋아하는 색깔, 향기, 모양의 꽃을 올려놓아 카나페를 만든다.
- ♥ 주스나 꽃차도 준비하여 꽃 카나페와 함께 먹으면 좋다.

놀이 풍경

유치원 주변에 봄꽃이 피었어요.

우리 반 작은 꽃밭에 꽃들이 피었어요.

우리도 달래처럼 꽃을 먹어 보고 싶어요.

꽃 카나페와 함께 꽃차를 마셔요.

꽃신 신고 나들이

우리 반 아이들은 바깥 놀이를 '햇빛 샤워'라고 부릅니다. 미세먼지 없이 날씨가 좋은 날에는 어김없이 햇빛 샤워를 하러 나갑니다. "우리도 달래가 신은 고무신을 신고 햇빛 샤워 나가면 안 돼요?" 아이들은 그림책 속 달래가 신은 고무신을 신어보고 싶다고 말합니다. 산책길에서 수집한 꽃을 눌러 압화를 이용해 예쁜 꽃신을 만들어볼까요?

놀이 도구
유아용 고무신, 네임펜, 압화, 목공풀, 붓

놀이 즐기기
- 먼저 종이에 내가 만들고 싶은 꽃신을 그려본다.
- 고무신에 압화을 붙이고 네임펜으로 꽃신을 꾸민다.
  "어떻게 꾸미면 예쁜 나만의 꽃신을 만들 수 있을까요?"
- 고무신에 압화를 붙이고 목공풀로 고정시킨다.
- 미술 영역에 있는 꾸미기 재료를 이용하여 꽃신을 완성한다.
- 친구들에게 내가 만든 꽃신을 소개한다.
- 완성한 꽃신을 신고 산책을 나간다.
  "꽃신을 신고 달래처럼 꽃놀이를 갈까요?"
  "달래처럼 바깥에 나가 하고 싶은 놀이가 있나요?"

놀이 풍경

예쁜 꽃신을 만들어야지.
나는 파란색이 좋아서
파란색으로 색칠했어요.

내가 좋아하는
노란꽃을 붙였어요.

선생님 꽃신도
내가 만들어 줄게요.

다 마르면 꽃신 신고
산책 나가고 싶어요.

감꼭지 브로치 만들기

꽃은 어느 시인의 말처럼 자세히 보아야 예쁘고, 오래 보아야 사랑스럽습니다. 초록색 작은 감이 꼭지에 포도알 만하게 달려 있다가 쓸 만한 것은 감이 되고, 나머지는 땅으로 떨어집니다. 떨어진 감꼭지는 참 예쁩니다. 산책길에서 감꼭지를 주워온 아이들이 미술 영역에서 자유롭게 브로치 만들기 놀이를 합니다.

놀이 도구
산책길에서 주워온 감꼭지, 옷핀, 목공풀 또는 양면테이프

놀이 즐기기
- 바닥에 떨어진 감꽃을 자세히 살펴본 후 이야기 나눈다.
  "감나무 주변에 떨어진 초록이는 무엇일까요?"
- 감꼭지를 이용하여 할 수 있는 놀이에 대해 이야기 나눈다.
  "이 감꼭지로 뭘 하면 좋을까요?"
  "어떻게 하면 오래 두고 볼 수 있을까요?"
- 감꼭지를 옷핀에 붙여 브로치를 만든다.
- 완성된 감꼭지 브로치를 소중한 사람에게 선물한다.
  "누구에게 선물하고 싶어요?"
  "감꽃 브로치를 받은 엄마, 아빠의 표정을 상상해보세요."

놀이 풍경

이 초록이는 뭐에요? 작고 예뻐서 이걸로 뭐 만들고 싶어요.

옷핀에 붙이니까 감꽃 브로치가 되었어요.

마르니까 색깔이 변했어요.

나는 엄마한테 선물로 드리고 싶어요.

그림자를 보았나요?

이수지 글·그림, 비룡소

『그림자 놀이』는 글 없는 그림책입니다. 온갖 물건이 들어 있는 창고 방에서 한 소녀가 그림자를 만들어 신나게 놀고 있습니다. 주인공 소녀는 우아한 발레리라처럼 포즈를 취합니다. 그림자가 자기를 따라 하는 모습이 신기하기만 합니다. 손가락을 펼쳐 새를 만들자 그림자들이 변하기 시작합니다. 새는 진짜 새가 되고, 빗자루들은 어여쁜 꽃이 됩니다. 물건들을 자유자재로 활용한 소녀의 상상놀이 더해 갈수록 그림자는 하나씩 사라지고 세상은 꽃과 나무, 달, 동물들이 어우러진 환상적인 세계로 변해갑니다.

"우리 그림자를 잡자." 유아들은 그림자를 매우 신비롭고 재미있는 존재라고 생각합니다. 내가 움직이면 따라서 움직이고 내가 멈추면 가만히 있는 그림자. 아이들이 각자의 호기심 나라로 빠져들 수 있도록 재미있는 그림자 놀이를 생각해 보았습니다. 그림자 놀이는 조명만 있으면 실내에서도 할 수 있습니다.

그림책 펼치기

- 표지를 보며 이야기를 나눈다.
    "그림자를 본 적이 있나요?"
- 그림책을 읽고 유아들과 이야기를 나눈다.
    "그림책에서 어떤 그림자를 보았나요?"
    "그림자를 만들며 놀고 있는 소녀의 표정을 따라 해볼까요?"
    "그림책에서 소녀는 어떤 그림자를 만들었나요?"
    "그림자가 무엇으로 변신했나요?"
- 그림자를 이용하여 할 수 있는 놀이에 대해 이야기한다.
    "그림책을 보고 나니 하고 싶은 놀이가 있었나요?"

놀이 똑! 똑!

그림자는 우리가 움직이면 따라서 움직이고, 멈추면 따라서 멈춥니다. 『그림자 놀이』는 주인공과 그림자들이 실제로 살아서 움직이는 것처럼 역동적으로 잘 표현되어 있습니다. 가끔 그림자의 검은 색깔 때문에 그림자를 무서워하는 아이들이 있습니다. 손전등을 이용해 교실에서 빛을 따라 움직여 보는 사전 활동으로 먼저 빛과 그림자의 관계를 경험하면 좋습니다.

그림자를 찾아라

그림책 속 소녀가 만든 새 그림자를 창문에 붙여 보았습니다. 바닥에 새 그림자가 살아서 움직이는 것처럼 보입니다. 아이들이 그림자를 잡으려고 손으로 허공을 가르고 발을 구르고 그림자 위에 엎드립니다. 그래도 그림자는 사라지지 않습니다. 다양한 모습의 그림자가 더 찾아보기 위해 아이들과 함께 바깥으로 나가봅니다.

놀이 도구
새 그림, 돗자리

놀이 즐기기

- ❤ 햇빛이 잘 드는 오전에 새 모양의 종이(또는 OHP 필름)을 창문에 붙여둔다.
    - 새 그림자에 관심을 보이는 유아들이 있는지 살핀다.
    - 새 그림자가 시간에 따라 어떻게 달라지는지 유아들과 함께 기록한다.
    - 창문에 블라인드를 내려 그림자가 사라지게 하여 그림자와 빛의 관계와 변화에 대해 유아들이 충분히 탐색할 수 있도록 한다.
- ❤ 유아들의 호기심과 상상력을 자극할 수 있는 대화를 나눈다.
    "그림자가 제일 많은 곳은 어디일까요?"
    "더 즐겁게 놀 수 있는 곳은 어디일까요?"
    "어떤 그림자를 만들고 싶나요?"
- ❤ 바깥으로 나가 그림자를 자세히 관찰한다.
    "그림자를 찾아볼까요?"
    "돗자리를 깔고 앉거나 누워서 그림자를 자세히 살펴보세요."
    "움직이면서 그림자가 어떻게 달라지는지 살펴보세요."

놀이 풍경

"얘들아, 창문에 새가 있어! 밖으로 나가서 그림자를 찾아봐요."

"여러 가지 그림자를 찾아보자."

"풀도 그림자가 있을까?"

"내가 움직이니까 그림자도 움직여."

조명을 이용한 그림자극 놀이

바깥 놀이터에서 그림자 놀이를 해본 아이들이 교실에서도 그림자를 찾기 시작합니다. 햇빛이 비치는 창가에서 그림자를 찾았습니다. 시간이 지남에 따라 그림자가 변하는 것을 신기해합니다. 빛이 있으면 그림자가 생긴다는 것을 알게 되고, 빛이 움직이면 그림자도 따라 움직인다는 것을 발견합니다. 교실 한쪽에 켜둔 조명 주변에 모여 아이들이 그림자 만들기 놀이를 합니다. 그림자를 가지고 놀던 아이들이 하나둘 이야기를 엮습니다. 아이들의 이야기를 모아서 우리 반 그림자 이야기 극을 공연합니다.

놀이 도구

이동이 가능한 조명, 검정색 종이, 광목천, 음악

놀이 즐기기

- 교실 한쪽 모서리에 이동이 가능한 조명을 설치한다.
- 그림자가 생길 수 있도록 광목천을 무대처럼 설치한다.
- 그림책에 등장하는 소녀, 새, 늑대, 코끼리 등 인물들을 검정색 도화지에 그린 다음 오려서 준비한다.
- 그림책을 바탕으로 아이들과 함께 지어낸 창의적인 이야기로 그림자 극놀이를 한다.

    아이들과 함께 지어낸 이야기

    그림자 나라에 사는 소녀가 있었어요. 소녀는 무엇이든 손으로 그림자를 만들었어요. 그림자는 소녀가 말하는 대로 변신할 수 있어요. 수리 수리 마수리 늑대로 변해라 얏! 수리 수리 마수리 코끼리로 변해라 얏! 수리 수리 마수리 빗자루로 변해 얏! 어머, 언제 밀림이 되었지? 우리 함께 신나게 춤을 출까? 저녁먹자! 엄마가 불러요. 수리 수리 마수리 모두 모두 사라져라 얏!(조명을 끈다.)

- 분위기에 맞는 음악을 준비하여 몰입도를 높인다.

놀이 풍경

우리 모둠이 먼저 공연을 하니까 잘 봐야 해.

그림자가 잘 보이게 교실 불을 꺼 주세요.

여러분, 이제 그림자극 공연을 시작합니다.

이제 우리 모둠이 공연을 할 거니까, 자리를 바꾸자.

비 오는 날이 좋아요

이상교 글, 이성표 그림, 보림

주인공 단이는 우산 하나 갖는 게 소원입니다. 그런 단이에게 삼촌은 노란 우산을 선물로 주었습니다. 단이는 밖을 내다보며 나뭇잎이 바람에 흔들려도, 발자국 소리가 나도, 자전거가 지나가도, 비가 오는 줄 알고 우산을 펴고 밖으로 나갑니다. 드디어 비가 내리던 날, 웅덩이를 살피고 비가 오는 소리를 들으며 한참을 우산을 쓰고 놉니다. 놀다 보니 단이만 빼고 모두 비를 맞고 있습니다. 동물 친구들에게도, 삼촌의 자동차에도, 심지어 하늘에도 커다란 무지개 우산을 씌어 줍니다.

『야, 비 온다』는 산책하기, 물웅덩이 관찰하기, 나만의 멋진 우산 만들기 등 비 오는 날 할 수 있는 놀이를 단이의 시선을 따라 소개하고 있습니다.

"오늘 비 오니까 바깥 놀이 못해요?" 잔뜩 아쉬운 얼굴을 하고 나를 바라보는 아이의 기대를 꺾을 수는 없습니다. "왜 못해? 우리 비 오는 소리 들어볼까?" 비오는 날, 아이들과 우산을 들고 밖으로 나가 보세요. 또 다른 놀이의 세계가 열린답니다.

그림책 펼치기

- 표지를 보고 이야기를 나눈다.

    "표지에 우산을 쓴 자동차는 누구의 자동차일까요?"

    "아빠요."

    "아니야. 삼촌이 타고 온 자동차 같아요."

    "우산을 쓴 자동차가 웃겨요."

- 그림책 내용에 대해 살펴본다.

    "비가 오는 소리는 어떤 소리인지 말로 표현해볼까요?"

    "호도독, 후두둑, 뚝뚝, 뚜두둑, 또로롱…."

- 그림책을 보고 어떤 놀이를 하고 싶은지 이야기 나눈다.

    "그림책을 보면서 하고 싶은 놀이가 있었나요?"

    "선생님, 우리도 단이처럼 비 오는 날 밖으로 나가요."

    "단이처럼 물웅덩이에서 놀고 싶어요."

    "무지개를 만나면 좋겠어요."

놀이 똑! 똑!

비 오는 날의 풍경은 평소와 다릅니다. 유치원 모래놀이터에는 물웅덩이가 생깁니다. 물이 쪼르르 흘러가는 물길 옆으로 나뭇가지에서 빗방울이 '뚝뚝' 떨어집니다. 풀잎에는 작은 이슬방울이 '또로롱 또로롱' 굴러 떨어집니다. 투명 비닐우산을 쓰고 하늘을 올려다보면 비가 내리는 모습을 관찰할 수 있습니다. 머리를 빼꼼 내밀고 비를 손으로 맞아보는 아이의 눈이 더 초롱초롱해지는 비 오는 날의 산책 풍경입니다.

나만의 멋진 우산 만들기

『야, 비 온다』의 주인공 단이는 우산을 참 좋아합니다. 삼촌에게 선물받은 우산을 소중하게 생각하는 단이의 마음을 볼 수 있습니다. 비가 오지 않는 날에도 단이는 우산을 쓰고 다닐 만큼 우산을 좋아합니다. 아이들도 단이처럼 우산을 좋아합니다. 아무것도 없는 비닐우산에 그림을 그려 넣으면 나만의 멋진 우산이 완성됩니다.

놀이 도구
비닐우산, 아크릴 물감, 붓 또는 조각 스펀지, 다양한 스티커

놀이 즐기기
- 다양한 우산의 사진 자료를 보여준다.
  "어떤 우산을 만들고 싶나요?"
  "단이처럼 노란 우산을 만들 거예요."
  "나는 하늘을 나는 우산을 만들 거예요."
  "나는 무지개 우산을 만들 거예요."
- 아크릴 물감과 스티커를 이용하여 우산을 꾸민다.
  "물감이 옷이나 손에 묻지 않으려면 어떻게 해야 할까요?"
  "다 꾸민 우산은 어디에 놓아서 말릴까요?"
- 물감이 마를 동안 미술 영역 한쪽에 펼쳐둔다.
- 우산을 이용하여 어떤 놀이를 하고 싶은지 이야기 나눈다.
  - 예: 비 오는 날 우산 쓰고 산책하기, 우산 패션쇼 하기 등

놀이 풍경

알록달록 예쁜 우산을 만들자!

콕콕콕~
물감을 찍어서
우산을 꾸밀 거야.

빨리 비가 오면 좋겠어요.

우산 패션쇼를 해볼까?

비 오는 날 산책하기

빗방울이 떨어지는 소리는 참 예쁩니다. 어디에 떨어지냐에 따라 달라지는 빗소리를 감상해보세요. 미리 장화와 우산, 비옷을 잘 준비해두었다가 비 오는 날 아이들과 산책을 나갑니다. 운이 좋다면 비가 그친 후 무지개를 볼 수도 있습니다. 산책을 나가기 전, 아이들에게 '자세히 살펴보기' 미션을 주고 살펴본 것을 교실에 돌아와 발표하는 시간을 가져보세요. 아이들의 눈에 비친 비 오는 날의 풍경은 또 다른 세상을 보여줍니다.

놀이 도구
우산, 장화, 비옷, 수건

놀이 즐기기
- ♥ 산책을 나가기 전 이야기 나누기를 한다.
    - "비오는 날 산책을 나가려면 필요한 준비물은 무엇일까요?"
    - "맑은 날과 다르게 산책을 나갈 때 주의해야 할 점은 무엇일까요?"
    - "교실 밖에 나가면 무엇을 볼 수 있을까요?"
- ♥ 산책을 나가서 주변 자연물을 자세히 살펴볼 수 있도록 충분히 시간을 안배한다.
    - "우산 밖으로 손을 뻗어 비를 만져볼까요?"
    - "우산으로 떨어지는 빗소리를 들어볼까요?"
    - "우산을 살짝 들고 비오는 하늘을 올려다보아요."
    - "꽃잎에 떨어진 물방울을 살펴보아요."
    - "젖은 운동장 바닥에 그림을 그려볼까요?"

놀이 풍경

비 오는 날에는 비옷을 입고 우산을 들고 산책을 나가요.

비가 오니까 글씨가 더 잘 써진다.

물웅덩이가 호수 같아.

비를 모아보자. 아~ 시원해.

산책에서 만난 즐거움 1

앙트아네트 포티스 글·그림,
김정희 옮김, 베틀북

『이건 막대가 아니야』는 '막대'의 놀라운 변신을 담고 있습니다. 어른들이 보기엔 위험해 보이는 '막대'가 아기 돼지의 상상을 거치면서 어떤 사물로 변신하는지 묻고 답하는 형식으로 되어 있습니다. 세상의 모든 형태는 고정적이지 않고 변형될 수 있습니다. '막대 하나로도 커다란 세계를 만들어내는 세상의 모든 아이들에게' 그림책의 첫 장면은 이렇게 시작합니다.

  이 책은 부러진 나뭇가지 하나가 다양한 형태로 변하면서 유아들의 창의성을 자극합니다. 그림이 단순하지만 재미있고 아이들과 할 수 있는 재미있는 놀이가 곳곳에 있습니다. 막대기는 낚싯대가 되었다가 지휘봉이 되었다가 역기나 마법의 빗자루가 되기도 합니다. 산책길에서 주워온 작은 나뭇가지를 이용하여 아이들과 재미있는 자연물 놀이를 해보면 좋습니다.

그림책 펼치기

- 표지를 보며 이야기를 나눈다.
  "아기 돼지가 들고 있는 것은 무엇일까요?"
  "나무 막대기를 가지고 어떤 놀이를 해보았나요?"
- 함께 그림책을 읽고 이야기를 나눈다.
  "아기 돼지는 나무 막대기를 가지고 무엇을 하고 놀았나요?"
  "가장 재미있었던 장면은 어떤 장면이었죠?"
  "나뭇가지 막대가 무엇으로 변신했나요?"
- 나무 막대기로 할 수 있는 놀이를 찾아본다.
  "나무 막대기를 구하려면 어디로 가야 할까요?"
  "나뭇가지를 가지고 할 수 있는 놀이에는 무엇이 있을까요?"

놀이 똑! 똑!

아이들은 막대기를 가지고 노는 것을 좋아합니다. 칼싸움을 할 수도 있고 바닥에 그림을 그릴 때도 막대기를 사용할 수 있습니다. 하지만 여러 명이 막대기를 가지고 놀이를 하다 부주의하게 휘둘러서 다른 친구들을 다치게 하는 경우도 있습니다. 그러지 않도록 충분히 안전교육을 실시한 후 놀이를 진행하는 것이 좋습니다. 아이들은 놀이를 하면서 안전약속을 기억하기 때문에 친구들에게 피해가 가지 않게 놀이를 즐깁니다.

나뭇가지 놀이

　숲 체험을 나가면 아이들은 너도나도 할 것 없이 나뭇가지를 주워 듭니다. 나뭇가지는 지팡이가 되었다가 칼이 되었다가 마법 빗자루가 됩니다. 다양한 놀이를 할 수 있는 나뭇가지를 이용하여 숲에서 신나는 놀이를 할 수 있습니다. 숲에서 모아 온 나뭇가지는 잘 다듬어서 교실에서 자연물 놀이 도구로 사용해보세요. 정형화된 놀잇감에 익숙한 아이들에게 상상력을 키워줄 수 있는 멋진 장난감이 된답니다.

놀이 도구

숲(또는 산책길)에서 주은 나뭇가지, 솔방울

놀이 즐기기

- 숲 또는 산책길에서 주워 온 나뭇가지를 크기와 모양대로 분류한다.
- 크기와 모양대로 분류한 나뭇가지를 자세히 관찰한다.
- 바닥에 놓고 나뭇가지를 서로 연결해본다.
- 다른 자연물을 이용하여 나뭇가지 연결 그림(작품)을 완성한다.
- 변형하거나 다른 친구들의 그림(작품)을 연결해 확장해본다.
- 나뭇가지를 위로 쌓아 올려본다.
- 나뭇가지를 한곳에 두어 자유놀이 시간에도 항상 놀이할 수 있도록 한다.

놀이 풍경

"나뭇가지로 무슨 놀이를 할까?"

"솔방울끼리 모아볼까?"

"나는 로봇을 만들거야."

"너랑 나랑 연결해서 멋진 걸 만들자."

자연물 액자 만들기

　날씨 좋은 날, 산책을 계획했다면 사각 종이 프레임을 산책길에 가지고 나갑니다. 이곳저곳 대어 보면 자연 그대로가 하나의 액자, 작품이 될 수 있습니다. 프레임 안에 보이는 나무, 흙, 햇빛 모두가 아름다운 사진이 됩니다. 응용하여 둥근 종이틀에 나만의 자연물 액자를 만들어볼 수 있습니다.

놀이 도구

나뭇가지, 작은 씨앗, 열매, 잎 등의 자연물, 목공풀, 종이틀

놀이 즐기기

- 사각 종이 프레임을 이곳저곳 대어 본다.
- 프레임을 들고 하늘을 올려다 보고, 땅 위에도 놓아 본다. 나뭇가지로 선을 만들기도 하고 잎이나 열매로 모양도 만들어 자연물을 충분히 탐색한다.
- 작은 씨앗이나 열매, 잎이나 나뭇가지 등을 모은다.
- 배열해 보다가 마음에 드는 모양이 완성되면 종이틀에 옮긴 다음 목공풀로 붙여 자연물 액자를 만든다.
- 완성되면 제목도 정하고 유아들의 이름을 붙여 전시한다.

놀이 풍경

바닥에 놓았더니
화분 액자가 되었어요.

도토리와 씨앗을 모아서
자연물 액자를 만들었어요.

햇빛도 한 장의
액자사진이 되어요.

얼굴 액자가 완성되었어요.

산책에서 만난 즐거움 2

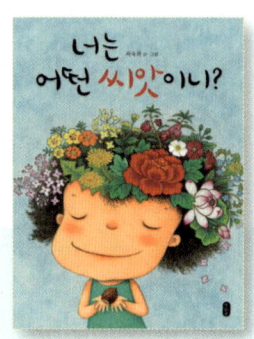

최숙희 글·그림, 책읽는곰

『너는 어떤 씨앗이니?』의 작가는 '모든 아이들은 저마다 무한한 가능성을 지닌 씨앗'이라고 말합니다. 우리 모두는 하나의 씨앗에서 태어났습니다. 자그맣고 가냘프고 쪼글쪼글하기까지 했던 생명은 점점 자라나 제가끔 꽃을 피우며 살아갑니다. 더러는 심약하고, 더러는 심술궂고, 더러는 늦되기도 하지만, 저마다 개성이 다른 아이들이 다양한 꽃으로 피어나 세상을 풍요롭게 만들어갑니다.

플라스틱 통이나 재활용 상자를 활용해 자연물 채집통을 만들어 산책할 때마다 가지고 나가면 산책길에 떨어진 작은 씨앗이나 열매 등을 모아 관찰할 수 있습니다. 자연물 활동을 할 때는 가능하면 바닥에 떨어진 씨앗이나 열매를 활용합니다. 부득이하게 채집을 해야 할 때는 빌리는 마음으로 조심스럽게 채집하도록 알려주세요. 우리도 모두 자연의 한 부분이니까요.

그림책 펼치기

- 그림책을 함께 읽는다.
  "책에서 어떤 꽃들을 볼 수 있나요?"
  "유치원 주변에 떨어져 있는 씨앗을 찾아보아요. 자세히 살펴보아요."
- 그림책을 읽고 난 후 이야기를 나눈다.
  "씨앗의 모양이 서로 어떻게 달랐나요?"
  "씨앗을 보고 꽃의 모습을 상상할 수 있었나요?"
- 함께 할 수 있는 놀이를 생각한다.
  "씨앗을 모아서 할 수 있는 놀이가 있을까요?"
  "꽃을 이용하여 할 수 있는 놀이가 있을까요?"
  - 예: 화관 만들기, 씨앗 소꿉놀이, 씨앗 그림 그리기, 같은 모양끼리 찾기 등

놀이 똑! 똑!

산책을 자주 나가다 보니 아이들이 바닥에 떨어져 있는 열매와 씨앗에 관심을 보입니다. 계절의 변화에 따라 자연이 선물처럼 내어주는 열매와 씨앗을 가지고 아이들과 놀이를 하다 보면 자연에 대한 소중함과 고마운 마음을 갖게 됩니다.

씨앗과 열매로 놀아요

그냥 밟고 지나쳤던 나뭇잎, 씨앗, 열매 등은 유아들에게 좋은 놀잇감이 될 수 있습니다. 한 사람에 하나씩 우유갑으로 만든 채집통을 들고서 밖으로 나가 자연물을 채집하고 교실에 들어와 같은 종류별로 나누어보는 활동을 해보는 것도 좋습니다. 채집한 자연물로 나만의 자연물 액자를 만들어 교실에 전시해두면 자연이 교실에 들어와 있는 것처럼 운치 있고 멋스럽습니다.

놀이 도구
우유갑으로 만든 채집통

놀이 즐기기
- 산책길에서 작은 씨앗이나 열매, 나뭇가지 등을 주워 채집통에 모은다.
- 교실에 들어와 넓은 천 위에 모은 것을 펼쳐놓고 씨앗이나 열매, 나뭇가지를 분류해본다.
- 색깔과 모양, 크기에 따라 분류하고 자세히 관찰한다.
- 자유놀이 시간에 가지고 놀 수 있도록 미술 영역에 놓아둔다.

  "씨앗으로 만들기 해볼까요?"

  "열매를 이용하여 염색하기를 할 수 있어요."

  "나만의 자연물 작품을 만들어보세요."
- 아이들의 작품을 교실에 전시하여 함께 감상한다.

놀이 풍경

산책길에서 씨앗과 열매를 많이 모았어요.

나는 바닥에서 방울토마토를 주웠어. 너는 뭘 주웠어?

산책길에서 주은 돌멩이로 돌멩이 가족을 만들었어요.

똑같은 것끼리 모았더니 팔레트 같아요.

꽃으로 놀자

『너는 어떤 씨앗이니?』에는 다양한 꽃이 흐드러지게 피어 있습니다. 그림만 봐도 향기가 날 것 같은 그림책을 읽고 아이들과 밖으로 나갑니다. 유치원 주변에는 예쁜 꽃이 참 많습니다. 자연은 우리에게 언제라도 놀 수 있는 놀잇감을 선물합니다.

놀이 도구
풀꽃, 자연을 사랑하는 마음

놀이 즐기기

- 꽃으로 할 수 있는 놀이에는 무엇이 있을지 이야기 나눈다.
  "꽃으로 할 수 있는 놀이가 있을까요?"
- 꽃놀이를 할 때 주의해야 할 약속을 정한다.
  "꽃이 예쁘다고 다 꺾어 버리면 어떻게 될까요?"
  "꽃이 아파요. 자연을 소중하게 생각해야 해요."
  "꽃에게 뭐라고 말한 다음 꽃놀이를 하면 좋을까요?"
  "꽃아, 한 개만 빌려 줄래? 재미있게 놀 수 있게 해줘서 고마워!"
- 바깥으로 나가 꽃을 자세히 살핀 후, 꽃놀이를 한다.
  - 예: 꽃반지와 꽃팔지 만들기, 풀꽃 모아서 압화 만들기, 풀꽃 다발 만들어 친구에게 선물하기, 봉숭아꽃 물들이기 등

놀이 풍경

향기를 맡아볼까?

꽃아, 하나만 빌릴게.
빌려줘서 고마워.

꽃팔찌를 만들었어요.

꽃 사세요.
꽃 사세요.

봉숭아 물들이기

여름이 끝나갈 무렵인데 봉숭아꽃이 유치원 텃밭에 아직도 싱그럽게 피어 있습니다. 지금쯤 손톱에 물을 들이면 첫 눈이 올 때까지 손톱 끝에 남아 있습니다. "첫 눈이 올 때까지 손톱에 봉숭아물이 남아 있으면 좋은 일이 생긴대"라고 아이들에게 말해주었더니, "산타 할아버지가 선물주세요?"라고 한 아이가 대답합니다. 좋은 일과 산타할아버지 선물을 연결해서 생각하는 모습이 참 아이답고 순수합니다.

놀이 도구

봉숭아꽃, 잎, 백반 또는 소금 약간

놀이 즐기기

- 유치원 텃밭에서 봉숭아 꽃잎을 채집한다.
    "꽃잎을 빌려준 봉숭아에게 뭐라고 말했나요?"
    "'놀잇감을 선물로 주어서 고마워'라고 말했어요."
    "'예쁘게 물들여서 보여줄게'라고 말했어요."
- 물들이기를 하기 전에 꽃과 잎을 자세히 살펴본다.
- 소금이나 백반을 조금 넣고 콩콩콩 빻는다.
- 교사의 도움을 받아 손톱에 올려놓고 비닐을 씌운다.
- 색깔이 나올 때까지 기다린다.
- 예쁜 색깔이 나오도록 한두 번 더 물들인다.

놀이 풍경

콩콩콩~
봉숭아꽃을 빻아요.

봉숭아꽃과 잎을
자세히 보고 싶어요.

나무토막을 부딪쳐서
덤벙 텀벙!

이제 조금만 기다리면
예쁜 손톱을 볼 수 있어요.

줄이 좋아요

조원희 글·그림, 웅진주니어

『앗! 줄이다!』는 웅진주니어 그림책 공모전에서 여러 수작 중에서도 심사위원들의 압도적인 지지를 받고서 대상에 선정된 작품입니다. 다소 꺼내기 어려울 수 있는 현대 사회의 단면을 쉬운 언어와 간결한 그림으로 표현해 모두가 읽을 수 있고 쉽게 공감할 수 있는 이야기로 승화한 그림책입니다.

한 아저씨가 회사에 가던 길에 줄을 발견하곤 무심코 당겨 봅니다. 의외로 휙 끌려가자 뭔진 몰라도 질 수 없다는 생각에 힘껏 줄을 당깁니다. 부동산 가는 길이던 아줌마는 집값과 관련된 일일까 싶어 줄에 매달립니다. 헬스장 가던 청년은 어떤 자세가 근육을 더 멋지게 보이게 할지 고민하며 줄을 당깁니다. 이어서 소개팅하러 가던 아가씨는 줄을 당기고 있는 청년이 맘에 들어서 줄을 잡아당깁니다. 바둑 두러 가던 할아버지는 젊은이들이 하는 일에 자기만 빠지고 싶진 않아서 영문도 모른 채 줄에 매달립니다. 이를 지켜보고 있는 소년에게 줄은 그냥 재미있는 놀잇감일 뿐입니다. 줄을 가지고 신나게 놀다가 이마저도 시시해지자 가위로 줄을 싹둑 잘라버리고 맙니다. 줄을 잡아당기고 있던 사람들은 어떻게 되었을까요?

그림책 펼치기

- 『앗! 줄이다!』에서 작은 소년이 발견한 것은 무엇인지 이야기 나눈다.
- 줄을 가지고 할 수 있는 놀이는 어떤 것이 있는지 이야기 나눈다.
- 줄 놀이를 더 재미있게 할 수 있는 방법에 대해 생각을 나눈다.
  "줄을 가지고 할 수 있는 놀이는 어떤 것이 있을까요?"
  "어떤 놀이를 하면 재미있게 놀 수 있을까요?"
- 안전하게 줄 놀이를 하려면 어떤 약속이 필요한지 알아본다.
  "놀이를 할 때 어떻게 움직이면 좋을까요?"
  "서로 줄을 잡고 있을 때 확 잡아당기면 친구가 어떻게 될까요?"

놀이 똑! 똑!

아이들은 줄을 좋아합니다. 긴 줄 하나만 있으면 아이들은 시간 가는 줄 모르고 놀 수 있습니다. 줄은 바깥에서 놀면 훌륭한 신체활동 도구가 됩니다. 줄이 교실에 들어오면 줄놀이를 할 수 있고, 다양한 털실은 손끝놀이과 바느질 놀이 재료가 됩니다. 하지만 일상에서 유아들의 안전은 무엇보다 중요하기 때문에 아무리 흥미로운 놀잇감이라도 먼저 안전한 것인지 확인합니다.

바깥에서 하는 줄 놀이

『앗! 줄이다!』를 읽고서 소년과 고릴라 친구처럼 해먹을 이용하여 줄 놀이를 합니다. 다양한 동물이 되어 줄 통과하기, 줄 건너 사탕 따오기 등을 하다 보면 겁이 많아 줄에 올라가지 못하던 친구들에게도 용기가 생겨 함께 놀이를 할 수 있습니다.

놀이 도구
편한 복장, 운동화, 줄 해먹

놀이 즐기기
- 그림책의 소년이 되어 줄을 통과한다.
- 그림책의 고릴라가 되어 줄을 통과한다.
- 그림책에 나오는 여러 등장인물(할아버지, 누나, 회사원 등)이 되어 줄을 통과한다.
- 다양한 동물이 되어 통과하기, 줄 건너 사탕 따오기 등 다양한 미션을 준다.
- 줄을 가지고 친구들과 더 재미있게 놀 수 있도록 아이들과 생각을 나눈다.
  - 예: 한 손으로 줄 잡고 통과하기, 줄에 달린 손수건 가져오기, 모둠으로 나누어 끝까지 갔다 오기, 자유롭게 줄 놀이 하기 등

놀이 풍경

줄 놀이 정말 재미있다.

나는 고릴라예요.

부딪치지 않게 안전하게 놀 수 있어요.

손에 힘을 꽉 줘야 떨어지지 않는 거야.

교실에서 하는 줄 놀이

줄을 이용하여 마음대로 모양을 만들어볼 수 있습니다. 하트 모양, 동그라미 모양을 만들어 놀던 아이가 사자를 만들었다며 보여줍니다. 짧은 줄을 이용하여 사자의 갈기를 표현했습니다. 다른 아이들은 줄 끝을 잡고 하나, 둘, 셋을 외친 후 먼저 잡는 사람이 이기는 놀이를 합니다. 긴 줄을 이용하여 여러 명이 함께할 수 있는 거미줄 놀이는 협동하는 놀이로 내가 줄을 잡고 있는 동안 다른 친구가 거미줄을 통과하는 놀이입니다. 거미줄 중간에 사탕을 달아 놓고 사탕 떼오기 놀이를 하면 즐거움이 배가 된답니다.

놀이 도구
털실, 스카치테이프, 다양한 색의 색테이프, 뿅뿅이, 신문지

놀이 즐기기
- 짧은 줄을 만들어 탐색하는 시간을 갖는다.
  "짧은 줄을 보니 생각나는 게 있나요?"
  "짧은 줄로 무슨 놀이를 하면 재미있을까요?"
- 짧은 줄로 원하는 모양을 만들어본다.
- 미션에 따라 거미줄을 통과하는 놀이를 한다.
  "우리 같이 힘을 모아 거미줄 놀이를 해볼까요?"
  "거미줄 아래로 통과하기 놀이를 해볼까요?"
  "거미줄 위로 넘어 건너보기 놀이를 해볼까요?"
  "교실에 있는 재료를 이용하여 거미줄에 걸린 나뭇잎과 열매를 표현해볼까요?"

놀이 풍경

이걸로 뭘 만들까?

나는 줄로 '어흥' 사자를 만들었어요.

얘들아, 긴 줄이 뱀이 되었어.

줄로 거미줄을 만들었어요.

줄을 이용한 손끝 놀이

바느질 놀이와 손끝 놀이에 빠져 있는 우리 반 아이들에게 줄을 이용한 놀이에 흥미가 떨어지지 않도록 놀거리를 더 주고 싶은 마음이 생겼습니다. 그래서 생각해낸 것이 생활 소품 만들기입니다. 작은 머리끈이나 가방 등을 만들 수 있도록 자유놀이 영역에 손끝 놀이 영역을 준비해 두었습니다. 놀이에 흥미를 보이는 유아들이 삼삼오오 모여 교사의 도움을 받아 가방이며 머리끈을 만들 수 있습니다.

놀이 도구

털실로 된 수세미, 다양한 색깔의 털실, 가위, 코바늘, 고무줄, 단추, 구슬

놀이 즐기기

- 털실을 자세히 살펴보고 탐색하는 시간을 갖는다.
  "털실로 무슨 놀이를 하면 좋을까요?"
- 털실을 이용하여 다양한 소품을 만든다.
  "수세미를 이용하여 가방을 만들어요."
  "수세미를 실로 연결하면 모자를 만들 수 있어요."
- 털실을 가지고 하고 싶은 놀이가 있는지 아이들의 생각을 모아본다.

놀이 팁

손끝 놀이는 다른 도구 없이 손가락만을 이용하여 목도리를 만들 수 있습니다. 처음에는 어려워하던 아이들도 몇 번 반복하면 교사 도움 없이 혼자서 할 수 있는 놀이입니다. 구체적인 손끝놀이 방법은 인터넷 동영상(핑거니팅)을 참조할 수 있습니다.(예: 털실 가위로 잘라보기, 털실 전화기 놀이, 단추와 구슬 꿰어 목걸이 만들기, 털실 물감 그림 그리기 등)

놀이 풍경

목도리를 만들었어요.

머리끈을 만들 수도 있어요.

선생님이 연결해주세요.
줄은 내가 만들 수 있어요.

예쁜 모자를 만들었어요.

규칙을 만들어요

미셸 누드슨 글, 케빈 호크스 그림,
홍연미 옮김, 웅진주니어

『도서관에 간 사자』는 규칙은 상황에 따라 바뀔 수 있다는 것을 생각하게 되는 그림책입니다. 사자는 도서관에서 소리 지르지 않고 조용히 생활하는 규칙을 알게 됩니다. 그리고 사자는 아이들과 관장님을 잘 도와주며 즐겁게 지냅니다. 어느 날 책을 정리하던 관장님이 넘어져서 다치게 됩니다. 다친 관장님을 돕기 위해 사자는 어쩔 수 없이 소리를 질러서 규칙을 어기게 됩니다. 그 덕분에 관장님을 구할 수 있었고 이후로 도서관에서는 다급한 일이 생겼을 때 소리를 지를 수 있다는 규칙이 새롭게 만들어집니다.

그림책을 살펴보며 아이들과 깊이 있게 토론한 다음 규칙 놀이를 해보면서 규칙을 만들어봅시다. 만 3세에게는 읽어주기에 조금 긴 내용이지만, 그림을 위주로 아이들과 대화하듯이 읽어나가면 아이들도 그림책의 세계로 풍덩 빠지게 됩니다.

그림책 펼치기

- 사자의 이미지에 대해 이야기를 나눈다.

  "사자의 표정과 소리는 어떤가요? 몸으로 표현해볼 수 있을까요?"

- 도서관에 가본 경험에 대해 이야기를 나눈다.

  "도서관에 가본 적 있나요?"

- 표지와 면지를 살펴보며 책 내용을 상상해본다.

  "(표지를 보며) 사자와 아이들은 무엇을 하는 것처럼 보이나요?"

  "(앞 면지를 보며) 사자가 동물원에서 나와 어슬렁어슬렁 가네요. 어디를 갈까요?"

  "(뒤 면지를 보며) 사자는 어디에 있을까요?"

  "(뒤표지를 보며) 사자가 무엇을 하고 있나요?"

- 그림책을 읽어본 느낌에 대해 이야기를 나눈다.

  "사자를 보니 어떤 느낌이 들었나요?"

  "사자는 왜 약속을 어겼을까요?"

  "여러분이 사자라면 어떻게 했을 것 같나요?"

  "도서관 관장님은 무슨 일을 할까요?"

놀이 똑! 똑!

아이들이 『도서관에 간 사자』에 대해 충분히 이야기하고 표현할 시간을 주세요. 아이들은 자신이 상상하는 사자의 모습을 표현하고 그림책에 나오는 사자의 입장이 되어 신나게 놀이하게 될 것입니다. 또한, 서로 토론하고 놀이하면서 아이들은 스스로 약속을 만들고 지키게 됩니다.

나도 도서관 사자처럼

교사는 아이들과 함께 규칙을 만들었으니 아이들이 그대로 잘 지킬 거라고 생각합니다. 그러나 아이들은 생각만큼 쉽게 규칙을 꾸준히 지키기 어렵습니다. 그 이유는 아이들은 규칙을 지키는 방법을 잘 모를 수도 있고, 규칙이 습관화되지 않아 낯설기 때문입니다. 따라서 아이들이 도서관에 간 사자가 되어 다양한 규칙 놀이를 해보면서 자연스럽게 규칙을 지킬 수 있습니다.

놀이 도구
종이 접시, 만들기 눈알, 양면테이프, 띠 골판지, 뽀글이 모루

놀이 즐기기
- 종이 접시에 만들기 눈알을 붙이고 띠 골판지로 갈기를 표현해서 사자 얼굴을 만들고 꾸민다.(아이들이 갈기의 길이, 색깔 등을 자유롭게 붙이고 꾸밀 수 있도록 한다.)
- 뽀글이 모루를 허리에 둘러서 긴 꼬리를 만든다.
- 만든 사자를 양면테이프를 이용하여 가슴에 붙인다.
- 다양한 모양으로 된 사자의 모습을 이야기 나누고 표현해본다.
  "초원에서 뛰어다니는 사자는 어떻게 다닐까요? 소리는 어떻게 낼까요? 표정은 어떨까요?"
  "도서관에서 걸어 다니는 사자의 모습을 몸으로 표현해볼까요?"
  "관장님이 다쳤어요.. 어떻게 해야 할까요? 사자는 어떻게 표현할까요? 표정은 어떨까요?"

놀이 팁
몇몇 아이는 집에서 지켜야 할 규칙을 사자에게 알려주고 싶어서 가정으로 가져가길 원합니다. 아이들이 원하면 만든 사자를 가방에 붙여서 가정으로 보냅니다. 아이들이 가정에서도 규칙 놀이를 통해 즐겁게 규칙을 지킬 수 있도록 이와 관련된 안내를 합니다.

놀이 풍경

난 이빨이 아주 긴 사자
난 기분 좋은 웃음 사자

나는 도서관에서
청소하는 사자야.
꼬리로 구석구석 청소해야지.

나는 도서관에서 걸어 다니는
멋진 사자.

나는 사자에요.
우리 관장님을 도와주세요.

사자도 규칙이 있을까요?

규칙은 다른 사람에게 피해를 주지 않고 공공의 편의를 위해 합의된 약속입니다. 『도서관에 간 사자』를 함께 읽고 난 후 유아들과 규칙에 대해 토론을 하여 규칙을 만들어 봅니다. 아이들이 함께 만들면 규칙을 스스로 잘 지킬 수 있습니다. 또한, 규칙은 상황에 따라 아이들과 토론하여 수정할 수 있습니다.

놀이 도구
종이, 포스트잇, 매직

놀이 즐기기
- 교실에 사자가 왔다고 상상해본다.
  "우리 교실에 사자가 온다면 사자에게 어떤 규칙을 알려줄 수 있나요?"
- 규칙을 지키지 못한 상황에 대해 이야기 나누어본다.
  "우리 교실에서 규칙을 지키지 못할 상황에는 어떤 것들이 있을까요?"(예: 소방대피훈련, 친구가 다쳤을 때 등)
  "그럴 때는 어떻게 해야 할까요?"(도와주세요.)
- 우리가 교실에서 지켜야 할 규칙을 만들어본다.
  "교실에서 해야 하는 것과 하지 말아야 할 것에는 무엇이 있나요?"
  "교실에서 좋았던 일은 무엇이었나요? 싫었던 일은 무엇이었나요?"

놀이 팁
놀이 규칙을 함께 만들 때 만 3세는 발달 특성 상 글자를 직접 쓰기 어렵습니다. 그러므로 아이들의 말을 교사가 받아서 적습니다. 만 4~5세는 스스로 쓰겠다고 하는 아이가 있습니다. 이런 아이는 함께 협력하여 쓰고 게시할 수 있도록 지원합니다.

놀이 풍경

우리 교실에 사자가 오면, 어떻게 하면 좋지?

사자에게 우리 반 약속을 알려주자.

관장님처럼 책을 꺼내다가 이렇게 쓰러지면 규칙을 못 지킬 수 있어.

교실에 갑자기 불이 나면 입을 가리고 밖으로 나가야 해.

정리정돈을 잘 해요

백희나 원작, GIMC 글,
DPS 그림, 한솔

『구름빵 뒤죽박죽 방 치우기』는 자신의 방에서 물건을 찾기 위해 하나씩 정리하는 내용입니다. 홍시는 자신의 방에서 물감을 찾고 있습니다. 그러나 뒤죽박죽 정리되지 않은 방에서 물감을 찾기는 어렵습니다. 자신이 좋아하는 물건을 장난감 요정이 가져갔을까 봐 걱정을 합니다.

어른이나 아이들이나 정리하는 것은 사실 힘이 듭니다. 특히 아이들은 왜 정리를 해야 하는지, 어떻게 정리를 해야 하는지, 그 이유와 구체적인 방법을 잘 이해하기 어렵습니다. 어른들은 아이들이 정리를 하지 않을 때 화가 나기도 합니다. 그래서 혼을 내며 정리정돈을 강요하기도 합니다.

아이가 정리정돈을 못하는 것은 당연하다고 생각하는 분들도 있습니다. 아이들이 크면 자연스럽게 할 수 있을 거라고 생각하며 대신 해주기도 합니다. 하지만 '세 살 버릇 여든까지 간다'는 속담이 있듯 어릴 때 습득하지 못한 정리정돈을 어른이 되어 갑자기 잘하기란 어렵습니다. 어릴 때 습관을 들이면 성인이 되어서도 정리정돈을 잘할 수 있습니다. 그림책을 통해 정리정돈을 해야 하는 이유와 방법을 익혀볼까요?

그림책 펼치기

- 아이들과 표지를 보며 어떤 내용일지 상상해본다.
  "그림책 표지를 보니 어떤 내용일 것 같아요?"
- 그림책을 살펴본 다음 정리정돈에 대해 이야기를 나눈다.
  "홍시는 정리정돈을 왜 하게 되었을까요?"
  "없어진 장난감들은 어떻게 되었을까요?"
- 정리정돈에 대한 경험에 대해 이야기를 나눈다.
  "선생님도 정리정돈 하는 게 어렵고 힘들어요. 놀이하다 보면 놀잇감이 너무 많아서 정리하는 게 사실 싫어지기도 해요."
  "어떻게 하면 더 쉽고 재미있게 정리정돈을 할 수 있을까요?"

놀이 똑! 똑!

지겹고 하기 싫은 정리정돈~! 아이들은 놀이처럼 재미있게 정리하고 싶어 합니다. 정리정돈을 습관화하기는 어렵지만, 놀이처럼 하다 보면 더 수월하게 습관을 들일 수 있습니다. 정리를 하기 전에는 아이들에게 미리 5분 전에 정리정돈 할 것임을 알려줍니다. 놀이가 끝난 후 정리정돈 시간이 되면 함께 모여 앉아 어떻게 하면 정리정돈을 재미있게 할 수 있을지 의논합니다. 아이들의 이야기를 따라가 보니 장난감을 제자리에 찾아 주기를 가장 좋아합니다. 그다음으로 친구들이 자신만의 정리 비법을 소개해주는 방법도 좋아합니다.

상상 속의 장난감 요정아 나와라

그림책을 읽어주고 나서 아이들이 정리정돈 하는 모습을 살펴봅니다. 아이들은 장난감 요정에게서 장난감을 지키기 위해 열심히 정리정돈 합니다. 그림책에 나오는 장난감 요정은 어떻게 생겼을까요? 아이들이 상상하는 장난감 요정은 어떤 표정과 어떤 모습을 하고 있을까요? 아이들이 상상하는 장난감 요정의 모습을 몸과 그림으로 표현해보고 입체적으로 만들어봅시다.

놀이 도구

종이, 그리기 도구(색연필, 사인펜, 매직), 스티로폼 공, 뽀글이 모루, 종이컵, 만들기 눈알, 옥수수 콘, 플라스틱 칼, 물티슈

놀이 즐기기

- 장난감 요정에 대해 이야기를 나눈다.
  "장난감 요정은 어떻게 생겼을지 생각해보고 몸으로 표현해볼까요?"
  "어떤 말과 어떤 표정을 짓고 있을지 함께 표정을 만들어볼까요?"
- 자신이 생각하는 장난감 요정을 그려본다.
  "각자 상상하는 장난감 요정을 그려보세요."
- 다양한 재료를 활용하여 장난감 요정을 만들고 꾸며본다.
  "우리 반에 장난감 요정이 있다면, 어떻게 만들고 무엇으로 꾸밀 수 있을까요?"
- 장난감 요정에게 하고 싶은 말을 이야기해본다.
  "장난감 요정에게 어떤 말을 하고 싶나요?"
- 장난감 요정을 그려보고 만들어본 느낌에 대해 이야기해본다.
- 아이들이 정리 요정도 만들고 싶어 하면 정리 요정까지 만들어본다.

놀이 풍경

장난감 요정은 어떻게 생겼을까?

장난감 요정아, 우리가 얼마나 정리를 잘하는지 지켜봐.

상상 속의 장난감 요정을 그려보자.

나는 엘사처럼 생긴 장난감 요정이야. 나는 뿔이 있는 장난감 요정이야.

정리정돈 요정 어벤져스

자유놀이를 신나게 하고 나면 아이들이 놀이한 장난감들이 여기저기 흩어져 있습니다. 장난감을 정리할 시간이라고 말하자 아이들은 한숨부터 쉬거나 화장실에 다녀오고 싶다는 등 정리정돈 하는 것을 회피합니다. 노는 건 좋지만 정리하는 것은 싫고 더 놀고 싶은 마음도 있는 듯합니다. 정리정돈도 놀이처럼 할 수는 없을까요? 정리정돈을 전담하는 수호천사가 있으면 좋겠다는 생각도 듭니다. 영화에서 본 어벤져스처럼 아이들이 정리정돈 어벤져스가 되어서 정리정돈 놀이를 해보면 어떨까요?

놀이 도구
동물 머리띠, 다양한 역할 의상, 타이머

놀이 즐기기

- 장난감 요정과 정리 요정에 대해 이야기를 한다.
  "장난감이 모여 있는 산에 장난감 요정과 정리 요정이 이야기를 하고 있네요. 장난감 요정은 '친구들이 안 쓸 거니까, 가져가도 되지 않을까요?'라고 말하고, 정리 요정은 '착하고 마음씨 좋은 친구들이 내일도 즐겁게 놀이하려면 정리를 해야 하지 않을까요? 그런데 혼자 정리하기가 힘이 드네요.'라고 말했어요."

- 정리 요정의 부탁을 아이들에게 들려준다.
  "정리 요정이 교실에서 호랑이에게 부탁을 했대. '힘이 세고 마음이 착해서 어려운 장난감을 옮기는 데 힘을 아주 잘 쓰니까, 호랑이 정리 요정이 되어주세요.'"

- 교실에서 정리 요정이 되면 좋은 것들을 찾아달라고 부탁한다.
  "여기 놓여 있는 동물 머리띠와 역할 의상 중 정리 요정을 찾아줄 수 있겠나요?"

- 여러 정리정돈 어벤져스를 아이들이 하고 싶은 머리띠나 의상을 골라서 입거나 착용하고 타이머에 맞추어서 정리정돈을 해본다.

놀이 풍경

난 정리정돈을 잘하는 간호사 어벤져스야.

나는 구름처럼 멋지게 정리정돈 할 거야.

난 정리정돈을 잘하는 의사 어벤져스야.

친구야, 힘을 내 우리 함께 잘 정리해보자.

요건 몰랐지?

　아이들은 정리정돈을 하고는 싶지만, 스스로 정리하는 게 엄두가 나지 않을 때가 있습니다. 무엇부터 시작해야 하는지, 어디에 정리해야 하는지 모를 때가 있습니다. 아이들과 장난감의 위치를 정하고 자신들이 정한 장난감 위치를 확실하게 기억하는 놀이를 해보면 어떨까요?

놀이 도구
교실에 있는 장난감, 타이머

놀이 즐기기

놀이 1
- 각 영역에서 장난감을 3~4개 정도를 가져와 장난감의 위치에 대해 이야기를 나눈다.
  "지금 여기 장난감들이 자리를 찾고 있다고 하는데 어떻게 찾아줄까요?"
- 두 팀으로 나눠 A 팀은 눈을 가리고 B 팀은 A 팀 친구들이 위치를 모를 것 같은 장난감을 가져와 카펫 위에 올려둔다.
- A 팀은 카펫 위의 장남감을 타이머가 끝날 때까지 제자리에 정리한다.

놀이 2
- 술래를 정하고, 술래를 제외한 나머지는 눈을 가리고 엎드린다.
- 술래는 영역별로 없어지면 확실하게 눈에 띄는 장난감 한 가지를 숨긴다.
- 술래가 돌아와서 무슨 장난감이 없어졌는지 찾아보라고 말한다.
- 없어진 장난감을 먼저 말하면 놀이는 끝난다.

놀이 풍경

"어디에서 갖고 온지 모르는 걸로 장난감을 3개씩 가져다 놓자."

"너희들이 가져다 놓은 장난감 여기가 제자리네."

"친구들은 내가 이거 숨겨도 뭐가 없어졌는지 모를 거예요."

"짜잔~ 역할놀이의 계산기를 숨겨놓았지~"

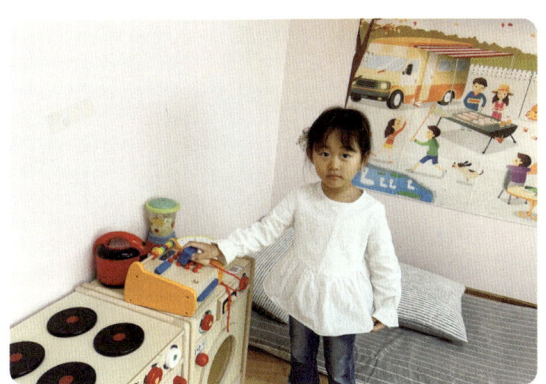

행동을 조절해요

클레어 알렉산더 글, 그림,
류미진 옮김, 중앙출판사

염소 루시는 그림을 잘 그려 인기가 많습니다. 그런데 같은 반 토미는 이런 루시가 괜스레 밉습니다. 그래서 루시의 그림을 망가트리고, 연필도 부러트리며 루시를 방해합니다. 루시는 주변에 말도 못 하고 끙끙거리지만, 엄마와 선생님의 도움으로 토미의 방해에서 벗어납니다. 사실 토미는 루시에게 샘이 났을 뿐 나쁜 송아지는 아닙니다.

요즘 아이들은 동네에서 친구를 만나 함께 어울리는 기회가 적으며, 휴대폰이나 컴퓨터를 통해 소통하는 하는 것에 더 익숙합니다. 하지만 사회 경험의 첫 시작인 유아 교육기관에서 다양한 친구들을 만납니다. 또한, 친구와 갈등 상황이 발생했을 때 해결해보는 과정을 통해 나와 친구는 서로 다름을 인정하게 되며, 자신의 감정을 솔직하게 표현하는 방법을 알게 됩니다.

루시와 토미의 이야기를 통해 나보다 잘하는 친구를 질투하고 방해하기보다 친구를 인정하고 격려하게 됩니다.

그림책 펼치기

- 친구와 함께 놀이하는 방법에 대해 이야기 나눈다.

  "친구와 함께 놀이하고 싶을 때 어떻게 해야 할까요?"

  "여러분은 여러 친구와 함께 어떤 놀이를 해봤나요?"

  "여러 친구와 함께 놀이할 때 지켜야 할 약속에는 무엇이 있을까요?"

  "만약 놀이를 하다 다툼이 발생한다면 어떻게 해야 할까요?"

- 토미가 자신의 마음을 긍정적으로 표현할 수 있는 방법을 알아본다.

  "토미가 친구에게 자신의 마음을 바르게 표현하는 방법에는 무엇이 있을까요?"

  "여러분이 토미를 만난다면, 어떤 말을 해주고 싶나요?"

  "여러분이 생각한 방법대로 놀이를 해볼까요?"

놀이 똑! 똑!

이 시기의 아이들은 친구의 입장에서 '친구는 왜 그랬을까? 친구의 마음은 뭘까?'라고 생각해보기가 쉽지 않습니다. 또한, 친구에게 서슴없이 "난 네가 싫어!", "난 너랑 안 놀 거야"라고 말하기도 합니다. 간단한 가위바위보 놀이를 통해 친구와 함께하는 즐거움을 느끼고, 친구에 대한 부정적인 마음을 바꾸는 놀이를 하면서 마음의 소통을 경험합니다. 교사는 아이들이 놀이 속에서 갈등 상황을 해결하는 방법을 찾아볼 수 있도록 허용적인 분위기를 만들어주고, 아이들이 스스로 정해보도록 격려해줍니다.

주먹 탑을 쌓아라

가위바위보를 해서 진 사람이 주먹을 내밀고 그다음 진 사람이 그 위에 주먹을 올리면서 탑을 쌓는 놀이입니다. 이기는 것이 중요한 게 아니라 서로에게 '최고'라고 말해 줌으로써 '공감'을 배우는 놀이입니다.

놀이 도구
없음

놀이 즐기기

- 3~5명의 아이가 한 모둠이 되어 동그랗게 앉는다.
- 가위바위보를 해서 진 아이가 주먹 하나를 바닥에 놓는다.
- 다시 가위바위보를 하고 진 사람은 주먹 탑 위에 자신의 주먹을 놓는다.
- 마지막에 남은 아이는 엄지를 펴서 자신의 주먹을 맨 위에 올려놓는다.
- 나머지 아이들이 맨 위에 엄지를 편 아이에게 "○○ 최고!"라고 외치면 엄지를 편 아이가 "너희도 최고야!"라고 외친다.
- 아래 두 단계 방법으로 한 명씩 손을 빼며 탑을 무너트린다.

    1단계: 함께하는 주먹 탑

    ① 맨 위 엄지를 편 아이가 "우리 최고야!"라고 외친 다음 주먹을 뺀다.

    ② 그다음 아이부터는 "너도 최고야!"라고 외친 다음 주먹을 뺀다.

    ③ 같은 방법으로 맨 아래 주먹이 있는 아이가 주먹을 빼면 놀이가 끝난다.

    2단계: 마음을 나누는 주먹 탑

    ① 맨 위에 주먹이 있는 아이부터 "친구야! 고마워!"를 한 글자씩 말하면서 주먹을 뺀다.

    ② 이때 글자 수가 남으면 남은 글자는 다 함께 외치고, 주먹이 남으면 남은 아이끼리 함께 '파이팅!'을 외친다.

놀이 풍경

"가위, 바위, 보!"

"졌으니까 주먹을 바닥에 놓아야 돼!"

"너도 최고야!"

"친!" "구!" "야!" "고!" "마!" "워!"

바꿔 바꿔 마음 놀이

심술쟁이 친구의 마음을 보자기로 표현한 후, 하트 종이에 마음을 바꿀 수 있는 방법을 기록하여 신체로 표현해보는 놀이입니다. 친구의 감정을 표현해 봄으로써 타인의 감정을 이해하고, 긍정적인 해결 방법을 기르게 됩니다.

놀이 도구
보자기, 대형 하트 모양 종이, 하트 모양 포스트잇, 사인펜, 음악 CD

놀이 즐기기

놀이 1. 보자기로 마음 표현하기
- 3~5명의 아이가 한 모둠이 되어 동그랗게 앉는다.
- 보자기를 하나씩 나누어 갖는다.
- 심술쟁이 토미의 마음을 생각해본 후, 보자기로 심술쟁이 마음을 표현해본다.
  - 예: 보자기 구기기, 보자기 흔들기, 보자기로 표정 꾸미기 등

놀이 2. 하트 종이로 마음 표현하기
- 작은 하트 모양의 포스트잇에 심술쟁이 토미의 마음을 바꿀 수 있는 방법을 글이나 그림으로 표현해본다.
- 작은 하트 포스트잇을 큰 하트 종이에 붙인다.
- 음악에 맞춰 돌아다니면서 만난 친구와 함께 자신이 생각한 방법대로 표현해본다.
  - 예: '사랑해'라고 말하기, 친구 안아주기, 친구와 악수하기, 친구와 어깨동무하며 걷기 등

놀이 풍경

난 빨간색 보자기 가져갈래.

울퉁불퉁한 토미의 마음을 표현할 거야!

토미의 마음을 바꿀 수 있어요.

친구야! 내가 안아줄게!

어떻게 해야 하지?

유희정 글, 혜경 그림, 휴먼어린이

『만지지 마, 내 거야!』에는 내 그림을 놀리는 상황, 놀이터에서 놀이기구 자리를 뺏는 상황, 인형을 양보하지 않는 상황, 같이 놀고 싶은데 자신이 만든 길을 만지지 못하게 하는 상황, 같이 못 놀게 거부하는 상황, 퍼즐 맞추는데 끼어들어서 방해하는 상황 등 6가지의 갈등 상황이 나옵니다. 그리고 그 상황마다 아이가 어떻게 해결해야 하는지 스스로 갈등을 해결하는 방법을 찾을 수 있도록 해줍니다. 갈등의 원인, 바람직하지 않은 해결 방법과 그 결과, 바람직한 해결 방법과 그 결과를 안내하면서 아이들이 타인의 입장을 생각하고 자신의 감정을 올바르게 표현할 수 있도록 알려줍니다.

아이들은 아직 타인보다는 자신을 먼저 생각하므로 유치원에서 생활하다 보면 친구 사이에서 여러 갈등 상황이 일어납니다. 갈등이 생겼을 때 아이들은 성향에 따라 울기, 때리기, 나쁜 말 사용하기, 화내기 등 다양한 방법으로 해결하려고 할 때도 있는데, 놀이를 통해서 갈등 상황에서 해결 방법을 알게 되고, 다른 사람의 입장에서 생각해볼 수 있습니다.

그림책 펼치기

- ♥ 표지를 보며 이야기를 상상해본다.
    "주인공들의 표정이 어떤가요?"
    "왜 제목을 '만지지 마, 내 거야!'라고 지었을까요?"

- ♥ 친구와 갈등이 생겼을 때 어떤 선택을 할지 토의해본다.
    "난 친구가 내 블록을 가져갈 때 화가 나. 그래서 소리 질렀어."
    "소리 지르면 안 되잖아."
    "그래도 난 화가 난단 말이야. 친구가 먼저 나한테 잘못한 거잖아."
    "화내지 말고 말로 해야지."
    "말로 하고 그래도 친구가 너한테 잘못하면 선생님한테 말하면 돼."

- ♥ 그림책의 그림을 다시 한번 보며 자신만의 해결 방법을 정해본다.
    "그림책 속 그림을 다시 한번 볼까요?"
    "나에게 주인공과 같은 상황이 생긴다면, 어떻게 할지 나만의 약속을 정해볼까요?"

놀이 똑! 똑!

놀이를 하면서 '힘을 얼마만큼 줄까?', '어떤 자연물을 낼까?' 등 스스로 결정하는 순간을 경험합니다. 그리고 그 결정에 따른 결과를 인정하게 됩니다. 앞으로 아이들은 일상생활에서 어떤 행동을 할 때 자신의 결정이 과연 올바른지 아닌지 생각해보게 되고, 친구와 갈등이 생겼을 때도 어떻게 행동해야 할지 생각해보게 됩니다. 놀이를 할 때 아이가 선택을 하지 못하고 계속 고민할 수도 있습니다. 그럴 때 교사는 재촉하기보다는 기다려주는 자세가 필요합니다.

그래! 결정했어!

알까기 놀이처럼 내 뚜껑을 튕겨 '옳지 않은 결정의 행동' 뚜껑을 게임판 밖으로 내보내는 놀이입니다. 이 놀이를 통해 아이들은 엄지와 검지로 힘의 세기를 조절할 수 있고, 옳지 않은 행동의 결정을 살펴봄으로써 갈등 상황의 올바른 해결 방법을 이해할 수 있습니다.

놀이 도구
플라스틱 뚜껑 7개(올바른 결정 뚜껑 2개, 옳지 않은 결정 뚜껑 5개), 게임판

놀이 즐기기
- 게임판 가운데에 그림책 속 옳지 않은 결정 그림을 붙인 뚜껑 5개를 옆으로 나란히 놓는다.
- 두 명의 아이가 게임판을 가운데에 놓고 마주 보고 앉는다.
- 각각의 출발점에 올바른 결정 그림이 붙여진 자신의 뚜껑을 올려놓는다.
- 누가 먼저 뚜껑을 튕길지 순서를 정한다.
- 자신의 뚜껑을 엄지와 검지를 이용해 튕겨 옳지 않은 결정 뚜껑을 맞춰 밖으로 내보낸다.
- 만약 자신의 뚜껑이 밖으로 나가면 다시 출발선에 놓되 한번 쉰다.
- 같은 방법으로 순서를 번갈아 가며 놀이를 한다.
- 옳지 않은 결정 뚜껑 5개가 다 사라지면 누가 뚜껑을 더 많이 가져갔는지 개수를 비교해본다.

놀이 풍경

놀이 재료를 소개합니다!

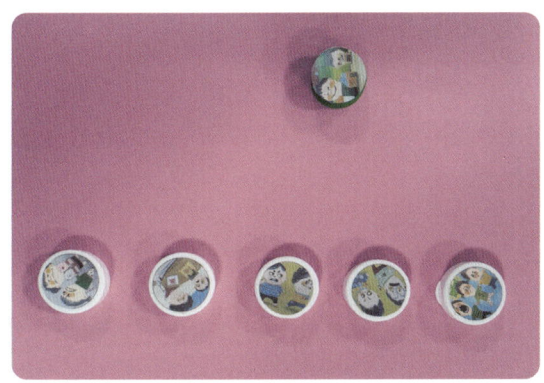

뚜껑을 올려놓자.

뚜껑을 팅겨서 맞춰야지!

누가 더 많이 가져갔어?

징검다리 건너기

돌멩이, 나뭇가지, 나뭇잎을 이용한 가위바위보 놀이입니다. 아이들은 무엇을 낼까 고민한 후 가위바위보를 해 이기면 징검다리 한 개를 건넙니다. 이 놀이를 통해 아이는 선택의 경험을 하고, 올바른 해결 방법을 구분하는 자세가 길러집니다.

놀이 도구

징검다리 모양 판 7개, 올바른 결정 그림 카드 5개, 자연물 각 2개(나뭇가지, 돌멩이, 나뭇잎), 작은 바구니 2개

놀이 즐기기

- 두 명의 아이가 자연물이 담겨 있는 바구니를 들고 각각의 출발점에 선다.
- 자연물을 이용해 가위바위보를 한다.
    - 나뭇잎은 큰 것, 나뭇가지는 조금 두꺼운 Y 모양으로 준비한다.
    - Y자 모양의 나뭇가지: 가위 / 돌멩이: 바위 / 큰 나뭇잎: 보
- 이긴 아이가 징검다리를 하나 건넌다.
- 같은 방법으로 징검다리를 건너 가운데 있는 징검다리(색깔을 다르게 함)에 먼저 도착한 아이가 가운데 징검다리 위에 있는 올바른 결정 그림 카드를 하나 가져간다.
- 다시 출발점에 서서 가위바위보를 해 놀이를 한다.
- 가운데 있는 그림 카드가 다 사라지면 놀이는 끝난다.
- 각자 가져간 그림 카드의 개수를 비교해본다.
- 그림 카드 속 상황에 대해 이야기한다.

놀이 풍경

무엇이 필요할까요?

가위, 바위, 보!

난 이 그림 카드를 골랐어.

너는 어떤 그림 카드를 가져갔어?

올바른 양치 습관을 길러요

이소을 글·그림, 상상박스

『치카치카 군단과 충치 왕국』은 사실적인 이야기와 그림을 통해 입속에 세균이 생기는 이유와 위험성을 알려주는 그림책입니다. 아이는 세균이 입속에서 어떤 일을 하는지 자세하게 알게 됩니다. 또 책에 수록된 음원을 활용하면 더욱 즐거운 마음으로 그림책 여행을 떠나게 됩니다.

입속에 있는 세균이 눈에 보이지 않으니 양치의 중요성을 알지만, 그 중요성을 깊게 생각하는 아이는 많지 않습니다. 양치질을 다 했다고 말하지만, 단시간에 끝내고 나오거나 단것을 먹고 바로 양치를 하지 않는 등 그 중요성을 간과하여 올바른 양치 습관이 형성되지 못할 때가 있습니다. 그림책 속 이야기와 놀이를 통해 아이들은 하루에 세 번, 삼 분 동안 양치질하는 습관이 생기게 됩니다.

그림책 펼치기

- 자신의 양치질 하는 모습을 떠올려본다.
  "왜 사람들은 양치질을 할까요?"
  "양치질의 불편한 점은 무엇일까요?"
  "여러분은 양치질을 어떻게 하나요?"
  "나만의 양치질 방법에는 무엇이 있나요?"

- 치아에 있는 세균을 사라지게 하는 방법을 알아본다.
  "치아에 있는 세균이 사라지게 하려면 어떻게 해야 할까요?"
  "칫솔과 치약을 사용할 때 지켜야 할 약속에는 무엇이 있을까요?"

- 양치질하기 싫어하는 친구에게 하고 싶은 말을 한다.
  "너는 왜 양치질하기가 싫어?"
  "양치질 할 때 힘들고 귀찮아."
  "양치질 안 하면 이빨이 썩잖아."
  "나도 알아. 그런데 양치질할 때 토할 것 같단 말이야."
  "양치질할 때 세균이 사라지니까 이빨을 잘 닦아봐. 토할 것 같으면 잠깐 멈춰."

놀이 똑! 똑!

'우리 입속은 어떻게 생겼을까?', '양치질은 왜 할까?' 이런 의문을 갖는 아이들이 놀이를 통해 양치질의 중요성에 대해 생각할 수 있습니다. 뽕뽕이를 옮길 때 뽕뽕이가 제자리에서 맴도는 아이도 있고, 치아 사이 세균을 그리면서 서로 의견 차이를 보이는 아이도 있습니다. 하지만 아이들이 서로 의견을 나누면서 방법을 찾을 수 있도록 기다려 주면 아이들이 주도하는 즐거운 놀이가 됩니다.

세균을 잡아라!

눈에 보이지는 않지만, 입속에는 늘 세균이 있습니다. 이 놀이는 세균을 잡기 위해 입속 길을 따라 뽕뽕이를 입으로 바람을 불어 옮기는 놀이입니다. 친구와 릴레이로 뽕뽕이를 옮기면서 협동심을 기르고, 눈과 입의 협응력을 키울 수 있게 됩니다.

놀이 도구

반원 길, 흰 뽕뽕이 5개, 바구니, 사인펜

놀이 즐기기

- 두꺼운 도화지를 반으로 잘라 테이프로 연결해 붙인다.
- 사인펜으로 세균 그림을 그린다.
- 세균 그림을 그린 도화지 양 옆을 살짝 안으로 접어 반원 길을 만든다.
- 흰 뽕뽕이에 치약 거품 그림을 그린다.
- 반원 길을 책상 위에 놓는다.
- 3~5명의 아이가 반원 길 옆으로 간격을 좁혀서 앉는다.
- 뽕뽕이를 쉽게 굴려 옮길 수 있는 방법을 알아본다.
- 첫 번째 아이가 입으로 바람을 불어 뽕뽕이를 옆으로 옮긴다.
- 그다음 아이는 자신의 앞에 온 뽕뽕이를 같은 방법으로 입으로 불어 옆으로 옮긴다.
- 뽕뽕이가 끝에 도착하면 마지막 유아는 바구니에 뽕뽕이를 담는다.
- 5개의 뽕뽕이가 바구니에 다 담기면 끝난다.

놀이 풍경

도화지에 어떤 그림을 그릴까?

내가 먼저 입으로 바람을 불게.

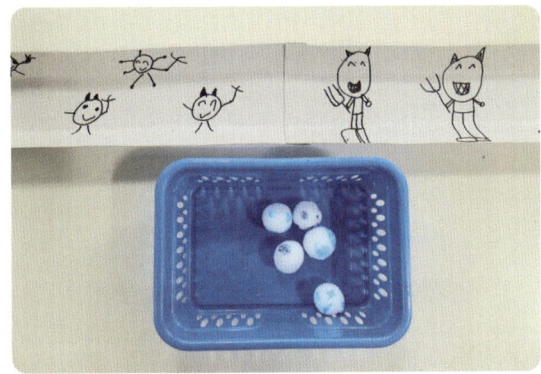

나도 입으로 뽕뽕이를 불게.

도착한 뽕뽕이를 바구니에 담아야지.

치카치카 양치를 해요

　　가위바위보를 한 후 치아에 있는 세균을 하나씩 지워보는 놀이입니다. 아이들이 직접 치아와 세균을 그려봄으로써 눈에 보이지 않는 세균에 대해 관심을 갖게 되고, 세균을 하나씩 제거하는 과정을 통해 청결한 양치 습관을 기르게 됩니다.

놀이 도구
치아 모형, 칫솔, 보드 판, 보드마카, 보드마카 지우개, 긴 하드보드지 조각, 보슬이, 까슬이

놀이 즐기기
- 치아 모형을 살펴본다.
- 칫솔을 이용해 바른 방법으로 치아 모형에 양치질을 해본다.
- 아이가 직접 보드 판에 입속 치아를 크게 그린다.
- 다른 색깔 보드마카를 이용해 치아를 색칠하여 세균과 음식물을 표현한다.
- 보드마카 지우개에 길게 자른 하드보드지를 보슬이와 까슬이로 붙여서 손잡이를 만든다.
- 가위바위보를 해서 이긴 아이가 칫솔 모양으로 만든 보드마카 지우개를 이용해 치아에 있는 세균 하나를 지운다.
- 치아에 있는 세균을 지울 때 다른 그림이 함께 지워지지 않도록 주의한다.
- 다 지운 후, 어떤 기분이 드는지 이야기 나눈다.

놀이 풍경

양치질 하니까 기분이 좋아!

입속을 그린 다음 세균도 그려야지.

가위, 바위, 보!

내가 이겼어! 세균 하나 지워야지!

긍정적 타임아웃

제인 넬슨 글, 빌 쇼어 그림,
김성환 옮김, 교실어린이

'우주쉼터'는 화가 난 감정을 스스로 조절할 수 있는 제라드만의 힐링 공간입니다. 제라드는 넘어지는 바람에 아빠에게 선물할 컵을 깨트렸습니다. 화가 난 제라드는 문을 세게 닫고 식탁을 발로 찹니다. 엄마는 제라드의 이야기를 들으며 화가 났을 때 마음이 쉴 수 있는 공간을 만들어보자고 제안합니다. 제라드는 우주쉼터를 멋지게 만들었고 화가 났을 때 마법처럼 화가 풀리는 경험을 하게 됩니다.

식당에서 소리를 지르며 뛰어다니거나 마트에서 자기가 사고 싶은 물건을 사지 못했을 때 떼를 쓰며 우는 등 자기가 원하는 대로 되지 않을 때 누군가를 때린다거나 물건을 던지는 등의 행동을 하는 아이들이 있습니다.

교실에서도 아이들의 감정이 갑자기 폭발하는 때가 있습니다. 이런 상황에서 교사는 아이들이 무슨 일로 화가 났는지는 이해는 하지 못합니다. 이럴 때 아이 스스로 감정을 추스를 공간이 필요합니다. 아이들의 속상하고 아픈 마음을 기쁜 마음으로 바꿀 수 있는 우리들만의 힐링 공간을 만들어보시길 바랍니다.

그림책 펼치기

- 그림책을 보며 이야기 나눈다.
- 그림책을 보며 제라드의 기분에 대해 이야기해본다.
  "제라드가 들고 온 아빠 선물이 깨졌어요. 어떤 마음이 들었을까요?"
  "식탁을 발로 찼을 때 제라드의 기분이 풀렸을까요?"
  "제라드가 화가 났을 때 엄마는 어떤 말을 했나요?"
- 제라드가 속상할 때 화를 푸는 방법에 대해 이야기 나눠본다.
  "제라드는 화를 풀기 위해 어떤 방법을 생각했나요?"
  "우주쉼터를 어떻게 만들었나요?"
  "우주쉼터에서 제라드가 쉴 때 어떤 기분이 들까요?"
- 제라드처럼 화가 났던 경험에 대해 말해본다.
  "제라드처럼 화가 난 적이 있었나요?"
  "그럴 때는 어떻게 해결하면 좋을까요?"

놀이 똑! 똑!

우주쉼터는 자신이 화가 났을 때 자신의 감정을 긍정적으로 조절할 수 있는 별도의 공간입니다. 아이들과 반에서 만들고 싶은 우주공간과 쉼터를 함께 만들어보세요. 자신만의 힐링 공간이 탄생하게 될 것입니다.

그런데 부정적 타임아웃과 긍정적 타임아웃을 구분할 필요가 있습니다. 친구를 일부러 괴롭힌 아이가 긍정적 타임아웃 공간을 이용하게 되면 이것을 악용하게 됩니다. 친구를 때리고 싶은데 참을 때 이용하는 공간이 쉼터입니다.

우주정거장으로 떠나요

아이들이 상상하는 우주정거장은 어떤 모습일까요? 아이들과 함께 우주정거장에 대해 이야기를 나눈 다음 그림책에 나오는 우주쉼터처럼 우리 반의 우주정거장을 만들어 보세요. 우주정거장 만들기를 통해 상상의 경험이 더욱 풍성해질 것입니다.

놀이 도구

검은 방수천 2마, 색연필, 야광 스티커, 야광테이프, 랜턴, 미러볼

놀이 즐기기

- 우리들이 만들고 싶은 우주정거장을 상상해본다.
- 아이들과 함께 우주정거장을 어떻게 만들지 이야기 나누어본다.
  "우주정거장을 어떻게 만들고 싶나요?"
- 커다란 검은 방수천에 색연필, 크레파스로 그림을 그리고 스티커도 붙인다.
  "여기에 무엇을 꾸미고 싶나요?"
- 완성된 우주정거장 천을 어두운 곳으로 가져가서 야광 빛을 확인한다.
- 천을 뒤집어서 함께 들고 조명으로 그림 그린 곳을 비추어본다.
- 반 친구들과 함께 만든 우주공간에 조명을 비추며 살펴본다.
- 색깔 조명을 안에 넣어두고 살펴본다.
  "색깔조명이 어떻게 되었나요?"
  "무엇이 보이나요?"

놀이 풍경

여기는 우주 행성이야.
나는 태양을 그릴 거야.
오로라도 그릴 거야.

내가 그린 행성에도 불을 비춰줘.
불을 끄고 보니까 너무 멋지다.

우주정거장은 너무 신나요.

애들아, 저기 봐봐.
내가 그린 오로라가 있어.

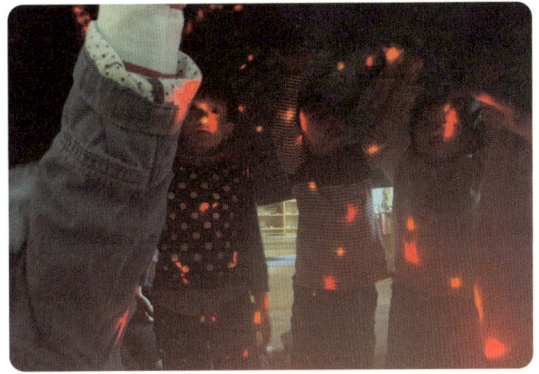

우리 반 쉼터

제라드의 우주쉼터가 자신만의 공간이라면 우리 반의 쉼터는 어떻게 하는 것이 좋을지 아이들과 의논해봅니다. 다양한 의견을 수용하여 세상에서 하나뿐인 우리 반의 쉼터를 만들어봅시다.

놀이 도구
재활용 빈 상자, 광목천, 페브릭 색깔 펜, 스티커 등

놀이 즐기기
- 우리 반의 쉼터를 만들어보자고 제안한다.
  "우리 반의 쉼터를 어떻게 만들면 좋을까요?"
  "쉼터에는 무엇이 들어가면 좋을까요?"
- 아이들의 의견을 수렴하여 자유롭게 만들고 꾸며본다.
  - 아이들이 몇 번 들어갔다 나오면 상자가 찢어질 수 있으니 광목천을 상자에 딱풀로 붙여서 단단하게 고정한다.
- 쉼터에 앉아 있는 친구가 마음이 빨리 좋아지도록 해주고 싶은 말을 이야기해본다.
  "어떤 말을 하면 친구 마음이 빨리 좋아질까요?"
- 하고 싶은 말을 쉼터 박스에 쓰고 주문을 외운다.
- 쉼터를 이용하는 방법을 유아들과 이야기를 나눈다.
  "이 쉼터에는 언제 들어갈까요?"
  "여러 명이 한꺼번에 몰리면 어떻게 하면 좋을까요?"
  "일부러 친구를 때렸거나 괴롭혔을 때는 어디에서 생각할까요?"

놀이 풍경

> 상자에 그림을 그리면 좋겠다.

> 사랑의 말도 써주자.
> 스티커도 붙여주자.
> 난 그림을 그릴 거야.

> 쉼터에 있으니까 기분이 좋아졌어.

> 어떤 스티커로 붙일까?
> 결정했어. 엘사 붙일 거야.

감정을 조절해요

몰리 뱅 글·그림, 박수현 옮김, 책읽는곰

    소피가 가장 사랑하는 장난감을 언니가 말도 없이 가져갔습니다. 소피는 언니가 빼앗아 간 장난감을 잡다가 놓치면서 넘어집니다. 넘어지면서 장난감 트럭과 부딪쳤습니다. 넘어져서 아프고 장난감을 빼앗겨 속이 상한 소피는 화가 났습니다. 너무나도 화가 난 소피는 소리를 지르고 문을 닫고 나가서 주저앉을 때까지 달리고 또 달립니다. 숲에 도착한 소피는 새소리, 바람 소리를 듣고 느끼며 나무 위에 올라가 넓은 바다를 바라봅니다. 자신이 왜 화가 났는지 스스로 알아차리는 시간을 가진 후 천천히 내려와 다시 집으로 돌아옵니다. 집은 여전히 평온하고 고요합니다.

    그림을 아름답게 표현한 그림책에 수여하는 칼데콧 상을 받은 『소피가 화나면, 정말 정말 화나면』은 아주 잘 알려진 책입니다. 이 책이 독특한 것은 그림의 테두리 색으로 감정을 아주 잘 표현하였다는 것입니다. 소피가 화가 났을 때는 빨간색, 소피가 평온한 마음을 유지할 때는 연두색으로 감정을 색깔로 잘 표현하였습니다. 지금부터 아이들과 감정을 놀이로 표현해볼까요?

그림책 펼치기

♥ 그림책을 살펴보며 소피가 화가 난 이유에 대해 이야기해본다.
  "소피는 왜 이렇게 화가 났을까요?"
  "친구들도 소피처럼 화가 났을 때가 있었나요?"

♥ 소피가 화를 푸는 방법에 대해 이야기 나눠본다.
  "소피는 화가 났을 때 어떻게 했나요?"
  "내가 만약 소피라면 나무에 올라가서 바다를 보았을 때 어떤 기분이 들까요?"
  "소피에게 어떤 말을 해주고 싶나요?"

♥ 내가 화가 났었던 경험에 대해 말해본다.
  "언제 화가 났었나요?"
  "화가 얼마큼 났는지 얼굴 표정으로 보여줄 수 있나요?"
  "화가 났을 때 어떤 행동을 했었나요?"
  "화를 내지 않고 풀 수 있는 방법에는 어떤 것이 있을까요?"

놀이 똑! 똑!

『소피가 화나면, 정말 정말 화나면』은 아이들에게도 교사들에게도 익숙한 책입니다. 감정에 따른 테두리 색의 변화와 고양이의 행동을 자세히 살펴보면 책을 보는 재미가 배가 됩니다. 소피가 화가 나는 장면에서 아이들은 자신도 소피처럼 화를 내고 소리를 지르거나 자신이 속상한 것을 말로 표현하면서 다양한 표정을 짓기도 합니다. 이때 교사는 아이들의 표정을 자세히 살펴보면서 자신의 감정을 긍정적으로 표현할 수 있도록 도와줍니다.

나도 소피처럼

아이들은 아직 감정조절이 어려워 자신의 뜻대로 되지 않거나 친구와 다투었을 때 곧바로 화를 내거나 소리를 지르기도 합니다. 이럴 때 소피처럼 달려보거나 주변의 아름다움을 살펴보며 자신의 화를 조절해봅니다. 또한 화가 난 감정을 조절하여 종이를 찢거나 구겨보는 활동을 해봅니다. 이러한 활동은 자신의 화를 긍정적으로 해결하는 데 많은 도움이 됩니다.

놀이 도구

이면지 또는 재활용 종이, 신문, 비닐봉지, 매직, 크레파스, 화 괴물 쓰레기통(빈 상자로도 가능)

놀이 즐기기

- 자신이 속상했던 일들을 떠올려본다.
- 소피처럼 화를 풀어본다.
  "소피가 화가 났을 때처럼 달려볼까요?"
  "화가 났을 때 또 어떤 방법으로 풀 수 있을까요?
- 종이를 담을 비닐봉지를 준비한 다음 그 위에 화 괴물을 그린다.
- 자신의 속상한 마음을 이면지를 찢거나 구기고 던지면서 말로 표현한다.
- 속상한 마음이 사라지도록 높이 높이 던져보고 뿌려본다.
- 바닥에 떨어진 화 종이를 화 괴물 비닐봉지에 담는다.
- 화 괴물 봉지를 화 괴물 쓰레기통에 세게 집어 던지며 "화 괴물아 사라져라"라고 말한다.
- 화 괴물을 던지고 난 느낌을 말해본다.

놀이 풍경

"어제 ○○한테 화가 났지. 더 많이 찢어보자."

"내 상상 속의 화 괴물은 이렇게 생겼어."

"종이를 찢고 던지니까 진짜 재미있다. 화 괴물 봉지에 화를 다 담아야지."

"화 괴물아, 화 괴물 쓰레기통으로 사라져라~!"

기분이 좋아지는 약! 화를 푸는 약!

몸에 상처가 나면 약을 바르고 치료하듯 마음에 상처가 났을 때도 치료약이 필요합니다. 등원하는 아이들의 눈빛과 표정을 살펴보면 아침의 기분이 보입니다. 잔뜩 기분이 좋은 아이는 자신의 마음을 웃는 바구니에 있는 빈 약통에 비즈를 담으며 표현합니다. 반면 속상한 마음이 있는 아이는 무엇이 속상했는지 말로 표현하며 비즈를 화난 바구니에 있는 빈 약통에 담습니다. 아이들과 비즈를 담으며 기분 좋은 일은 팔찌로 만들어 더 행복하게, 화가 나는 일은 비즈를 비우면서 마음의 화를 해소합니다.

놀이 도구
웃는 표정의 바구니 1개, 화난 표정의 바구니 1개, 빈 약통 유아당 2개(작은 페트병 또는 플라스틱 통으로도 가능), 네임펜, 비즈, 탄력낚싯줄, 가위, 테이프

놀이 즐기기
- (웃고 있는 소피 얼굴 표정을 보여주며) 기분이 좋아지는 약통을 소개한다.
  "나는 소피처럼 오늘 기분이 너무 좋아요. 오늘 엄마가 제가 좋아하는 장난감을 사주셨거든요. 기분이 최고로 좋아요. 이렇게 좋은 기분을 어디에다 모으면 좋겠는데 어떤 방법이 좋을까요? 여기 약통과 비즈가 있네요! 기분이 좋을 때 이 비즈를 가지고 어떻게 놀이하면 기분이 더 좋아질까요?"
- 기분이 좋을 때마다 비즈를 기분이 좋아지는 약통에 담는다.
- 기분이 좋아지는 약통에 비즈가 다 차면 행복 팔찌를 만든다.
- (화가 난 소피의 얼굴 표정을 보여주며) 화가 나거나 속상할 때 표현하는 방법을 이야기 나눈다.
  "소피처럼 화가 잔뜩 났어요. 화를 푸는 약통에는 비즈를 어떻게 하면 좋을까요?"
- 기분이 나쁠 때 채운 약통의 비즈는 "속상한 일들아, 사라져라"라고 말하며 비운다.

놀이 풍경

기분이 좋을 때,
기분이 나쁠 때,
약통을 채워주세요.

오늘 아침에 맛있는 음식을
다 먹어서 기분이 아주 좋아.

하나씩 천천히 끼워야지.

짜잔~
행복 팔찌 완성!

걱정아, 사라져라!

조미자 글·그림, 봄개울

    걱정이 많은 도마뱀 주주와 친구인 호랑이 호! 주주가 걱정을 하고 웃음을 점점 잃어 가는 모습을 보며 호는 걱정을 상자에 담으라고 합니다. 주주는 자신의 걱정을 호와 함께 걱정 상자로 하나씩 해결하며 다시 웃음을 찾게 됩니다.
    누구나 '즐겁다, 행복하다, 신난다, 기쁘다' 등 긍정의 감정을 갖고 살고 싶어 합니다. 그러나 현실에서는 크고 작은 걱정들이 마음에 불편함을 주고, 얼굴은 근심 가득한 표정으로 바뀝니다. 그림책에서는 '걱정'이라는 추상적 개념이 '상자'라는 구체물을 통해 아이에게 조금 더 가깝게 다가갑니다. 걱정은 아이들의 시각에 따라 사라지기도 하고, 작아지기도 하고, 즐거움으로 바뀌기도 합니다.
    '친구가 놀리면 어떡하지?', '오늘 내 옷이 맘에 안 드는데…', '엄마한테 혼날 것 같아' 등 아이들도 걱정을 많이 합니다. 아이들은 놀이를 통해 자신의 걱정을 표현하면서 용기를 갖게 되고, 걱정을 긍정의 방법으로 해소하면서 마음속 걱정의 크기를 점점 작게 만들게 됩니다.

그림책 펼치기

- ♥ 자신의 걱정에 대해 이야기 나눈다.
  "나에게 걱정이 많아지면 어떻게 될까요?"
  "걱정을 빨리 사라지게 하는 방법은 무엇일까요?"
  "나의 걱정을 걱정 상자에 넣는다면 어떤 기분이 들까요?"
- ♥ 친구와 함께 걱정을 사라지게 하는 방법에 대해 알아본다.
  "나의 걱정을 친구와 함께 사라지게 하는 방법은 무엇일까요?"
  "친구와 함께 걱정을 사라지게 하면 어떤 점이 좋을까요?"
  "여러분의 걱정을 생각해볼까요?"
  "친구와 함께 어떤 방법으로 나의 걱정을 사라지게 하고 싶은지 정해볼까요?"

놀이 똑! 똑!

　걱정은 있지만, 걱정을 말로 표현하기를 어려워하는 아이가 있습니다. 이런 아이들도 자신의 걱정을 글이나 그림으로 표현한 후 걱정 상자에 골인해보면 걱정이 해소되는 경험을 하게 됩니다. 또한, 자신의 걱정을 말로 잘 표현하지 못했더라도 기차놀이를 하면서 친구의 격려에 점차 자신 있게 말하는 용기를 키우게 됩니다. 그뿐만 아니라 걱정이 사라진 자리를 기쁨으로 채우는 풍선 날리기를 할 때는 즐거움이 넘쳐서 아이들의 웃음이 가득할 것입니다. 처음엔 자신을 표현하는 것을 어려워할 수 있으므로 교사는 충분한 시간을 마련해주어 아이들이 놀이 속에서 즐거움을 찾는 경험을 할 수 있도록 도와줍니다.

걱정~ 골인!

걱정을 종이에 그림이나 글로 표현한 후, 종이를 뭉쳐서 상자에 넣는 놀이입니다. 간단하지만 아이들은 자신의 걱정을 상자 속에 넣어 봄으로써 걱정으로부터 조금씩 벗어나고, 긍정적인 마음을 갖게 됩니다.

놀이 도구

종이, 사인펜, 색연필, 빈 상자, 마스킹테이프

놀이 즐기기

- 종이에 자신의 걱정을 글이나 그림으로 표현한다.
- 걱정을 적은 종이를 손으로 뭉친다.
- 바닥에 선을 표시해놓고 선에서 2m 떨어진 곳에 상자를 놓는다.
- 선에 유아들이 한 줄로 선다.
- "걱정아! 잘 가!"라고 크게 외치며, 자신의 걱정 종이를 상자에 던져 골인한다.
- 상자에 들어가지 않은 걱정 종이를 그대로 두고 자리로 돌아간다.
- 골인을 못 한 유아들은 친구들이 다 한 후, 골인하지 못한 자신의 걱정 종이를 갖고 선에 서서 다시 골인해본다.
- 모든 아이가 다 한 후, 아이들의 의견을 바탕으로 걱정 상자를 어떻게 할지 결정한다.
  - 예: 걱정 상자 숨기기, 걱정이 해결될 때마다 걱정 종이를 작은 상자에 옮기기, 걱정이 해결된 사람은 상자에 밝은색으로 색칠하기 등
- 걱정 종이는 버리지 않고 교사가 유아의 걱정을 지도하는 데 참조한다.

놀이 풍경

내 걱정은 동생이 나를 때리는 거야.

걱정 종이를 뭉쳐볼까?

걱정 상자 안에 걱정 종이가 들어갔어.

난 파란색으로 걱정 상자를 색칠할 거야.

걱정 기차가 출발합니다

친구가 나에게 걱정이 무엇인지 물어봐 주면 자신의 걱정을 말로 표현해보는 놀이입니다. 자신의 걱정을 타인에게 말로 표현하는 것만으로도 마음의 불편함이 해소되며, 타인에 대한 마음의 문이 열리게 됩니다.

놀이 도구
기차 머리띠

놀이 즐기기
- 5~6명의 아이가 한 모둠이 된다.
- 기차를 할 아이는 기차 머리띠를 하고, 승객인 아이들은 한 줄로 선다.
- 기차 아이와 승객 아이들이 마주 보고 선다.
- 기차인 아이가 승객 아이에게 "걱정이 무엇인가요?"라고 물어본다.
- 첫 번째 승객인 아이는 자신의 걱정을 말한다.
- 기차인 아이가 "네. 타세요!"라고 말하면 승객인 아이는 기차 아이의 뒤에 서서 어깨를 잡는다.
- 기차에 탄 승객과 함께 제자리에서 한 바퀴 돈다.
- 같은 방법으로 마지막 아이까지 기차를 태운다.
- 동그랗게 앉아 '걱정이다' 노래를 부르며 서로의 걱정을 다 함께 해소한다. 첫 번째 아이가 자신의 걱정을 넣어 노래를 부르면 나머지 아이가 '걱정은 마'라고 노래 부른다.

    첫 번째 아이: 걱정이다. 걱정이다. 걱정이다. 걱정이다. 친구랑 노는 게(자신의 걱정 넣어 부르기) 걱정이다.

    나머지 아이: 걱정은 마. 걱정은 마. 걱정은 마. 걱정은 마.

놀이 풍경

넌 걱정이 뭐야?

난 동생이 날 괴롭히는 게 걱정이야.

손님 태우고 기차가 출발합니다!

다 함께 걱정 노래를 불러요.

걱정 비행기와 기쁨 풍선

나의 걱정을 글과 그림으로 표현한 후 비행기로 접어 날려보고, 걱정이 아닌 소원을 풍선에 그린 다음 위로 날려보면서 희망을 갖는 활동입니다. 아이들은 자신의 부정적 감정을 해소하고 점차 긍정적 감정을 가지면서 좀 더 즐겁게 생활할 수 있게 됩니다.

놀이 도구

색종이, 사인펜, 풍선, 매직, 마스킹테이프

놀이 즐기기

놀이 1. 걱정 비행기 날리기

- 자신의 걱정을 종이에 글이나 그림으로 표현한다.
- 걱정 종이를 비행기로 접는다.
- 선에 서서 "걱정아, 사라져라!"라고 외치며 비행기를 날린다.
- 걱정 비행기를 날려보니 어땠는지 이야기 나눈다.

놀이 2. 기쁨 풍선 날리기

- 풍선을 분다. (잘 불지 못하는 유아는 교사가 도와준다.)
- 풍선에 자신의 소원을 글이나 그림으로 표현한다.
- "기쁨 풍선아, 들어줘!"라고 외치며 풍선을 날린다.
- 기쁨 풍선을 날려본 느낌을 표정으로 표현해본다.

놀이 풍경

엄마가 게임을 못하게 해서 걱정이야.

걱정아, 사라져라!

내 소원은 가족이랑 놀러가는 거야.

기쁨 풍선아, 내 소원을 들어줘!

힘이 되는 말

이현정 글, 조현정 그림, 맹앤앵

　표지에 울퉁불퉁한 근육의 힘이 세 보이는 팔이 있는 『세상에서 가장 힘이 센 말』은 "괜찮아" "힘내" "할 수 있어" "사랑해" 등의 말에 관한 이야기를 합니다. '말 한마디에 천 냥 빚을 갚는다'는 속담이 있듯 말은 사람의 생각과 행동을 좌우할 만큼 아주 큰 영향력이 있습니다. 긍정적인 말은 사람에게 좋은 영향을 미쳐 희망과 용기를 주기도 합니다. 하지만 때론 한마디 말로 상처를 주고받기도 하고 비난과 좌절을 경험하기도 합니다.

　아이들은 어른보다 말 한마디에 더 큰 영향을 받습니다. 그리고 아이들은 부모나 교사가 아무 생각 없이 한 말을 모방할 때가 종종 있습니다. 그러므로 아이들과 대화할 때는 더욱 신중해야 합니다. 아이들은 어떤 말을 하면 친구와 사이좋게 지낼 수 있는지 모를 때가 있습니다. 『세상에서 가장 힘이 센 말』은 친구와 좋은 관계를 만들 수 있는 좋은 책입니다.

그림책 펼치기

- 표지를 보며 이야기를 나눈다.
  "어떤 말이 가장 힘이 셀 것 같나요?"
  "나는 어떤 말을 들으면 힘이 세질까요?"
- 그림책을 보며 아이들과 이야기를 나눈다.
  "두근두근 마음이 설레는 말은 어떤 말일까요?"
  "힘든 역기를 들 때 친구들이 옆에서 힘내라고 말하면, 나는 어떤 기분이 드나요?"
- 그림책에 있는 캐릭터의 모습을 보며, 따라서 표현해본다.
  "신이 날 때는 로켓을 타고 날아가는 기분이지요? 우리도 로켓을 타고 날아가는 것처럼 신나게 날아보아요."
  "'사랑해'를 몸으로 표현해볼까요?"
- 듣고 싶은 말과 듣기 싫은 말에 대해 이야기를 나눈다.
  "어떤 말을 듣고 싶나요?"
  "내가 듣기 싫은 말은 어떤 말들이 있을까요?"

놀이 똑! 똑!

힘이 되는 말을 주고받는 것은 아이들의 긍정적 사랑의 바이러스를 만들어줍니다. 아이들은 사랑하는 마음으로 부모나 교사에게도 많은 편지를 보내기도 합니다. 편지를 주고받는 모습에 아이들의 순수하고 예쁜 마음이 보여 따뜻한 감동을 선물 받는 기분이 듭니다. 그림책 놀이를 통해 아이들은 다른 친구들의 감정과 생각을 이해하고 배려하는 마음이 새록새록 싹이 트기 시작합니다.

사랑은 편지를 타고

손편지를 받으면 마음을 받는 것처럼 기분이 좋아집니다. 편지를 쓴 사람의 따뜻한 마음이 전해오기 때문이지요. 그림책의 내용을 가지고 편지를 쓰면 아이들의 마음이 좀 더 훈훈해집니다. 학급 분위기도 따뜻하고 행복하게 변해갑니다.

놀이 도구
활동지, 편지지, 단어 카드(책에 나와 있는 '사랑해' '고마워' 등의 다양한 글자), 아이들 사진, 풀, 가위, 비밀 상자

놀이 즐기기
- 그림책에 나온 글자와 내용을 활용한 단어 카드를 만들어 비치해둔다.
- 친구들 사진과 이름이 붙어 있는 편지지를 비밀 상자에 미리 넣어둔다.
- 한 명씩 나와 비밀 상자에서 친구 이름이 붙어 있는 편지지를 뽑는다.
- 다양한 단어 카드를 이용해서 자유롭게 편지를 쓴다.
- 편지를 받은 친구는 답장을 쓴다.
- 익숙해지면 자유롭게 편지를 주고받을 수 있도록 놀이 영역을 별도로 마련한다.
- 교사나 부모님께 편지를 쓰고 싶어 하면 글자를 알려주는 등 아이들 스스로 편지를 쓸 수 있도록 지원한다.

놀이 팁
단어 카드 및 아이들 사진을 담는 통과 편지통은 바구니나 빈 상자, 서랍장, 우유갑 등 유치원에 있는 다양한 재료를 활용하여 만들 수 있습니다.

놀이 풍경

"'사랑해' 글자를 붙여서 편지를 써야겠어. 친구들 사진 통에서 사진을 붙여야지."

"친구들아, 여기에 사랑의 편지를 담아줘."

"누구에게 편지를 쓸까요?"

"친구야, 편지 받아."

힘을 주는 쪽지

표현하지 않는 것은 사랑이 아니라는 말이 있듯 말로 사랑을 표현하는 것은 서로를 이해하고 사랑하게 되는 힘을 줍니다. 포스트잇을 활용하여 상대방에게 자신의 따뜻한 마음을 전해볼까요?

놀이 도구
포스트잇, A4 용지(자기 이름이 쓰여 있는 것)

놀이 즐기기

1단계
- 교사 대 유아로 가위바위보를 한다.
  "선생님과 지금부터 가위바위보를 할 건데 여러분이 무조건 이기면 좋겠어요. 너희들에게 주고 싶은 멋진 사랑의 선물이 있거든. 참고로 선생님은 주먹을 낼 거예요."
- 가위바위보에서 진 교사는 아이에게 다양한 모양의 포스트잇을 얼굴에 붙여주며 "사랑해"라고 말한다.
- 얼굴에 붙은 포스트잇을 손을 쓰지 않고 몸을 털거나 입으로 불어서 떨어트린다.
- 떨어진 포스트잇을 주워서 자신의 이름이 쓰여 있는 A4 용지에 붙여둔다.
- 진 아이들도 교사에게 포스트잇을 붙이며 하고 싶은 말을 한다.
  "선생님도 여러분에게 힘이 세지는 말을 듣고 싶은데 해줄 수 있나요?"

2단계
- 두 명이 짝을 지어 아이 대 아이로 가위바위보를 하고 1단계 방식으로 놀이한다.
- 돌아다니며 자신을 소개하고 서로 힘이 센 말을 하며 포스트잇을 붙여준다.

놀이 풍경

난 입으로 불 거야.
난 뛰면서 털 거야.

손이 아니고
다른 걸로 떼어내.

친구야,
가위바위보 해보자.

친구야, 사랑해.
어디에 붙여줄까?

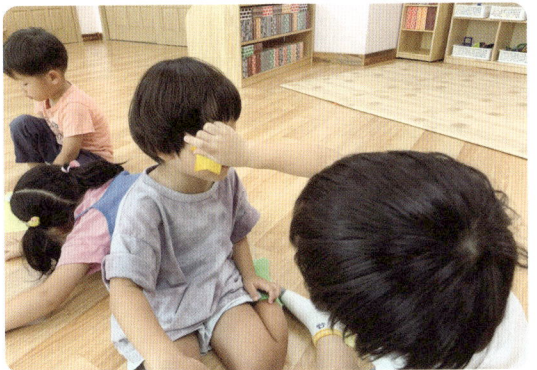

귀 기울여 들어요

이찬규 글, 남주현 그림, 애플비

　'내 말만 해 임금님'은 다른 동물의 말은 들어주지 않고 자기 말만 하다가 귀가 커집니다. 임금님의 세 아들은 병을 고칠 방법을 찾아 나서지만, 의사 선생님이 방법을 알려줘도 다 알아 첫째 왕자, 들을 때 딴 짓 해 둘째 왕자는 귀 기울여 듣지 않습니다. 귀 쫑긋 셋째 왕자만이 끝까지 듣습니다.

　"○○야! 선생님의 이야기를 들어보자!", "지금 친구가 말하고 있는데 어떻게 해야 할까?", "○○ 목소리 때문에 친구 이야기가 잘 안 들리네!"라고 말할 때가 종종 있습니다. 이처럼 집중을 못 하는 아이, 딴 행동을 하는 아이, 자기 말만 하는 아이들의 모습에 교사는 참 난감할 때가 많습니다.

　아이들과 경청의 중요성에 대해 알아보아도 그때뿐, 얼마 가지 않아 집중하지 못하는 모습을 보입니다. 기다려주고 약속을 정해도 쉽게 변하지 않는 아이들이지만, 잘 듣는 습관이 형성된다면 아이는 점점 더 성장할 것입니다.

그림책 펼치기

- ♥ 자신의 경청하는 모습을 떠올려본다.
  "여러분은 다른 사람의 이야기를 잘 듣나요?"
  "잘 듣지 못하는 친구는 왜 잘 듣지 못할까요?"
  "만약 내가 말 하는데 친구들이 내 이야기를 들어주지 않는다면 어떨 것 같나요?"
  "만약 친구가 이야기를 하는데 내가 첫째, 둘째 왕자처럼 행동한다면 친구의 기분은 어떨 것 같나요?"
- ♥ 다른 사람의 말을 경청하는 방법을 알아본다.
  "다른 사람의 말을 잘 들으려면 어떻게 해야 할까요?"
  "다른 사람의 말을 들을 때 지켜야 할 나만의 약속을 정해볼까요?"

놀이 똑! 똑!

　주의 깊게 들어야만 할 수 있는 놀이이다 보니 아이들은 평소보다 더 집중하여 참여합니다. 또한 승패를 가리지 않고 다 함께 즐길 수 있는 놀이를 통해 이기고 지는 것이 중요한 게 아니라, 다 함께 즐거운 마음으로 놀이에 참여하는 것이 중요하다는 것을 느끼게 됩니다. 귓속말 놀이는 사전에 귓속말의 의미와 방법을 알려주고 약속 등을 정하면 더욱 즐겁게 할 수 있으며, 원형으로 앉아 아이 대 교사의 대결로 할 수도 있습니다.

숫자만큼 콩콩콩

교사가 치는 박수 소리를 주의 깊게 들으며 몇 번 쳤는지 기억한 후, 수만큼 동작으로 표현하는 놀이입니다. 아이는 소리를 주의 깊게 듣는 자세가 길러지며, 더불어 수학적 기초개념도 이해할 수 있게 됩니다.

놀이 도구
숫자 카드

놀이 즐기기
- 서로 부딪치지 않도록 간격을 두고 다 함께 동그랗게 선다.
- 교사가 1~10 사이의 숫자를 하나 마음속으로 정한다.
- 정한 수만큼 박수를 친다.
- 박수는 빠르게, 느리게, 세게, 약하게 등 다양한 방법으로 친다.
- 아이들은 자신이 들은 교사의 박수 수만큼 숫자를 큰 목소리로 말하며 제자리에서 콩콩콩 뛴다. 이때 제자리 점프 대신 다양한 방법으로 활동한다.
  - 예: 손 위로 흔들기, 돌면서 점프하기, 손목 흔들기 등
- 아이들이 다 뛴 후, 교사는 숫자 카드를 들며 자신이 친 박수 숫자를 말한다.
- 숫자만큼 뛴 아이에게 모두 다 함께 엄지손가락을 들며 "최고"라고 말한다.
- 유아들이 놀이에 익숙해지면 교사 대신 유아들이 돌아가며 숫자를 정하고 박수를 쳐서 놀이를 계속한다.

놀이 풍경

"선생님의 박수 소리를 들어봐!"

"하나, 둘, 셋~! 점프를 세 번 하면 돼."

"박수를 다섯 번 쳤으니까 다섯 번 흔들면 돼."

"○○야, 최고~~!"

동요를 들어봐

　동요를 들으면서 떠오르는 장면이나 이미지를 자연물로 구성해보는 놀이입니다. 아이들은 친숙한 동요를 통해 주의 깊게 듣는 자세가 길러지며, 동요 속 이미지를 자연물로 구성해봄으로써 창의성이 형성됩니다.

놀이 도구

음악 CD, 자연물, 나무판

놀이 즐기기

- 다 함께 간격을 두어 동그랗게 앉는다.
- 나무판을 하나씩 나누어 갖는다.(나무판 대신 색지, 하드보드지 등을 사용해도 된다.)
- 두 명의 아이가 짝이 되어 자연물이 담긴 바구니를 하나씩 가져간다.
- 여러 가지 색깔과 크기의 나뭇잎, 나뭇가지, 풀 등을 준비한다.
- 동요를 감상한다.(유아들이 즐겨 부르는 동요를 선정한다.)
- 동요를 들으며 떠오르는 장면을 생각해본다.
- 동요를 계속 들으며, 여러 가지 자연물을 이용해 떠오르는 장면을 구성해본다.
  - 장면을 구성하는 데 시간 차이가 크지 않도록 놀이 전에 '동요 두 번 들을 때까지', '5분 동안' 등 시간을 미리 정해 알려준다.
- 완성된 작품을 친구에게 소개한다.
- 서로의 작품을 연결해 릴레이로 이야기를 지어본다.

놀이 풍경

"나뭇잎이 떠올라!"

"나뭇가지로 나무를 만들어야지."

"우리가 만든 작품이에요."

"꽃과 나뭇잎이 흔들리는 모습이야."

쉿! 잘 들어봐!

제시한 단어를 귓속말로 친구에게 전달하는 놀이입니다. 단어를 전달하는 유아는 정확한 발음으로 전달하는 말하기 능력이 향상되고, 단어를 듣는 유아는 친구의 말을 주의 깊게 들음으로써 경청하는 능력이 길러집니다.

놀이 도구
단어 카드

놀이 즐기기
- 두 팀으로 나눈 후, 게임 대형으로 앉는다.
- 귓속말 놀이의 규칙을 알아본다.
  - 큰 목소리로 말하지 않기
  - 잘 못 들었을 경우 다시 한번 말해주기
  - 전달하는 동안 다른 친구들은 조용히 하기 등
- 교사는 각 팀 맨 앞의 아이에게 서로 다른 단어 카드를 제시한다.
  - 단어 카드는 글자를 모르는 유아를 위해 글과 그림을 함께 제시한다.
  - 양 팀의 글자 수와 난이도가 비슷한 단어 카드를 제시한다.
- 맨 앞의 아이는 제시된 단어를 귓속말로 다음 친구에게 전달한다.
- 같은 방법으로 다 전달한 후, 각 팀 맨 앞과 마지막 아이는 제자리에서 일어난다.
- 다 함께 '하나, 둘, 셋'을 외치면 각 팀 맨 앞과 마지막 아이는 동시에 단어를 말한다.
- 동시에 같은 단어를 말한 팀에게 박수를 보내준다.

놀이 풍경

게임 대형으로 앉아 놀이를 준비해요.

아~ 어떤 단어인지 알았어요.

친구야 '토끼'야!

하나, 둘, 셋! 토끼!

긍정의 마음

존 버닝햄 글·그림,
조세현 옮김, 비룡소

    사람들은 모두 에드와르도를 세상에서 가장 말썽쟁이라고 말합니다. 그러나 에드와르도가 처음부터 말썽쟁이는 아니었습니다. 어른의 말 한마디로 인해 말썽쟁이 아이로 변한 것입니다. 그런데 어처구니없는 상황에서 어른이 건네는 긍정의 말 한마디가 에드와르도를 변화시킵니다.

    우리 반 말썽쟁이를 잠시 떠올려볼까요? '그 아이는 처음부터 말썽쟁이였을까?', '혹시 아이의 마음을 헤아리기보다는 편견의 눈으로 바라본 건 아니었을까?', '그 아이의 옳지 않은 행동에 대해 원인을 물어보기보다 그럴 줄 알았다는 반응을 보이진 않았을까?' 등 나 자신도 모르는 사이에 선입견을 갖고 있지 않은지 생각해보면 마음이 무거워집니다.

    말썽쟁이는 친구들한테 말과 행동으로 불편함을 줍니다. 상대 아이는 성향에 따라 참기도 하고 다투기도 합니다. 지금부터 말썽쟁이의 진짜 속마음을 만나 볼까요?

그림책 펼치기

- 긍정의 말과 부정의 말에 대해 알아본다.
  "여러분은 어떤 말을 들을 때 기분이 좋나요?"
  "그럼 어떤 말을 들으면 기분이 나빠지나요?"
  "내가 듣기 싫어하는(좋아하는) 말만 듣게 된다면, 어떨 것 같나요?"
  "그럼 듣기 좋은 말을 듣기 위해서는 어떻게 해야 할까요?"

- 내가 가장 듣기 좋아하는 말과 싫어하는 말에 대해 이야기 나눈다.
  "난 엄마가 '사랑해!'라고 말해줄 때 좋아."
  "난 아빠가 '뭐 사줄까?'라고 말할 때 좋아."
  "나는 '그만해. 정리해'라는 말이 제일 듣기 싫어. 더 놀고 싶은데 엄마가 그만하래."
  "나는 '휴대폰 그만해'라는 말이 싫어. 휴대폰으로 게임을 많이 하고 싶거든."

- 긍정의 말과 부정의 말을 들었을 때 내 마음에 대해 알아본다.
  "다른 사람이 나에게 긍정(부정)의 말을 해준다면 마음이 어떻게 변할 것 같나요?"
  "친구에게 해주고 싶은 긍정의 말에는 무엇이 있나요?"
  "만약 그림책 속 에드와르도를 만난다면, 어떤 말을 해주고 싶나요?"
  "내가 에드와르도라면 어떤 말을 듣고 싶을 것 같나요?"

놀이 똑! 똑!

아이들을 지도하면서 어른은 아이의 행동에 대한 자신의 속마음을 그대로 말할 때가 있습니다. 그 말을 들은 아이는 자신이 느끼는 감정을 말과 행동으로 표현합니다. 따라서 교사는 말 한마디가 아이를 긍정적, 부정적으로 만든다는 것에 유의하며 놀이를 펼칩니다. 긍정의 말과 부정의 말을 듣고 자신의 기분을 실로 표현할 때 어떻게 표현해야 할지 몰라 머뭇거리는 아이도 있습니다. 그러므로 좀 더 자유로운 분위기에서 마음껏 표현할 수 있도록 허용적인 분위기를 조성하는 것이 필요합니다.

긍정 밥상과 부정 밥상

긍정의 말과 부정의 말을 찾아 구별해보고, 표정 짓기를 해보는 놀이입니다. 긍정의 말과 부정의 말을 구분해보면서 유아들은 어휘력이 향상되고, 표정 짓기 놀이를 해보면서 창의력과 표현력을 기르게 됩니다.

놀이 도구

삼각대 푯말(긍정 밥상, 부정 밥상), 즉석 밥 용기, 게임판

놀이 즐기기

- 친구와 순서를 정한다.
- 긍정 밥상과 부정 밥상 중 어느 쪽을 할지 정한 후, 자신 앞에 삼각 푯말을 세운다.
- 즉석 밥 용기를 모아서 두 게임판 가운데에 뒤집어 놓는다.
- 첫 번째 아이가 뒤집은 즉석 밥 용기 하나를 뒤집는다.
- 긍정의 말과 부정의 말 중 어느 쪽인지 구분해 말한다.
- 긍정 밥상과 부정 밥상 중 해당하는 곳에 뒤집은 즉석 밥 용기를 놓는다. 단, 나의 밥상과 다른 즉석 밥 용기가 나오면 해당되는 친구 밥상에 놓는다.
- 자신의 기본 판에 즉석 밥 용기를 다 놓은 후, 다시 뒤집어 놓는다.
- 이번에는 첫 번째 아이가 즉석 밥 용기를 하나 뒤집은 후, 해당하는 말을 표정으로 지어본다.
- 같은 방법으로 돌아가며 표정 짓기를 해본다.

놀이 풍경

긍정 밥상, 부정 밥상 재료예요.

'미워'라는 단어는 부정 밥상이야!

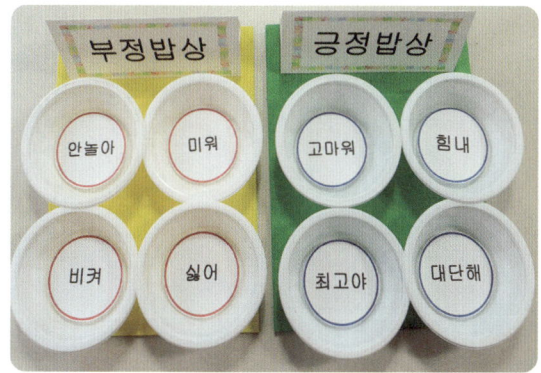

다시 뒤집어 놓자.

'힘내'라는 표정을 지어볼게.

마음을 표현해봐

교사가 긍정이나 부정의 말을 하면 아이가 자신의 기분을 실로 표현해보는 놀이입니다. 아이는 실을 활용하여 자신의 기분을 자유롭게 표현할 수 있고 제한된 공간에서 구성하는 경험을 통해 공간 구성력이 향상될 수 있습니다.

놀이 도구
놀이판(A4 크기), 실(60㎝)

놀이 즐기기
- 다 함께 동그랗게 앉는다.
- 놀이판과 실을 하나씩 나누어 갖는다.
- 교사는 긍정의 말을 하며 단어 카드를 제시한다.
- 긍정의 말을 들었을 때 어떤 기분이 드는지 생각해본다.
- 긍정의 말을 들었을 때의 기분을 놀이판 위에 실로 자유롭게 구성해본다.(실은 두께가 있고 잘 휘어지는 것으로 준비한다.)
- 같은 방법으로 부정의 말을 들려준다.
- 부정의 말을 듣고 자신의 기분을 실로 자유롭게 구성해본다.
- 친구와 자신의 놀이판 끝을 연결해 놓는다.
- 친구와 마주 보고 앉아 각자의 작품을 살펴본다.
- 작품을 보고 연결되게 이야기를 꾸며 말한다.

놀이 풍경

'힘내'라는 말을 들으면 기분이 좋아!

바람처럼 세지는 힘을 표현할 거야.

'미워'라는 말을 들으면 슬퍼져!

꾸불꾸불한 미운 마음을 표현했어.

엄마, 다시 만나요

윤여림 글, 안녕달 그림, 위즈덤하우스

『우리는 언제나 다시 만나』는 아이들에게 엄마를 다시 만날 것이라는 안도감을 줍니다. 3월이 되면 유치원 현관 앞에서 "엄마! 엄마!" 하고 울며 엄마와 헤어짐을 힘들어하는 아이들을 만나게 됩니다. 몇 시간 후면 엄마를 다시 만날 수 있는데도 엄마를 만나지 못할 것 같은 두려움과 공포에 하염없이 눈물을 흘립니다. 어떤 아이들은 엄마와 헤어짐이 힘들어 한 시간 내내 울기도 합니다. 또 어떤 아이는 5월까지도 울기도 하고 일 년 내내 우는 친구도 더러 있습니다.

교사 입장에서는 우는 아이의 마음을 알아주고 공감해주고 이해해주다가도 20명 중의 한 아이에게만 모든 사랑을 줄 수 없으니 답답하고 힘들고 지치게 됩니다. '어떻게 하면 엄마와 즐겁게 헤어지고 다시 만날 수 없을까요?'에 대한 고민을 그림책을 읽고 놀이로 풀어보아요.

그림책 펼치기

- 표지를 보며 아이들과 이야기를 나눈다.
    "어떤 내용이 나올지 상상해볼까요?"
- 그림책을 읽고 난 다음 그림책의 내용에 대해 아이들과 이야기를 나눈다.
    "어떤 부분들이 기억에 남나요?"
    "책을 보니 어떤 느낌이 드나요?"
- 현재의 상황에 대해 아이들과 이야기를 나눈다.
    "엄마는 어디에서 무엇을 하고 있을까요?"
    "우리는 어디에서 무엇을 하고 있나요?"
    "엄마를 언제 다시 만나나요?"

놀이 똑! 똑!

아이의 분리불안으로 인해 엄마가 하루 종일 아이를 걱정하는 상황, 아이는 엄마가 보고 싶어 목메는 상황 등을 놀이로 표현해봅니다. 놀이로 표현하는 과정에서 자기만 엄마를 보고 싶어 하는 게 아니라는 '마음의 공감'을 얻기도 합니다.

아기 때 엄마와 함께했던 까꿍 놀이를 교실에서 놀이하며 표정의 변화를 살펴봅니다. 놀이를 하며 엄마와 헤어지면서 한 걸음을 떼기 힘들어 울던 아이가 이제는 엄마와 즐겁게 헤어지고 유치원 생활도 아주 즐겁게 잘하게 됩니다. 한 걸음 놀이는 엄마와의 헤어짐에 용기를 주는 또 하나의 한 걸음이 됩니다.

까꿍 놀이

까꿍 놀이는 대상 영속성을 키워주는 놀이입니다. 어릴 적 엄마와 해보던 까꿍 놀이를 교실에서 친구들과 함께 다양한 방법으로 해봅니다. 놀이를 통해 아이들은 엄마와의 분리불안보다 친구들과의 즐거움을 만드는 과정에서 마음의 안도감을 느낍니다.

놀이 도구
검은색 작은 조각 천(얼굴을 가릴만한 크기), 파라슈트

놀이 즐기기

놀이 1
- 두 명이 짝이 되어 마주 본다.
- 가위바위보를 하고 이긴 사람이 천으로 얼굴을 가린다.
- "하나, 둘, 셋" 외치면서 "까꿍!" 하고 얼굴을 보였을 때 세상에서 가장 웃긴 표정을 만들고 함께 웃는다.

놀이 2
- 파라슈트 가운데에 한 명이 들어가 자리에 앉는다.
- 나머지 친구들은 파라슈트 테두리를 잡고 선다.
- 파라슈트 테두리를 잡고 서 있는 친구들은 앉아 있는 친구의 방향으로 "안녕"이라고 말을 하며 꽃잎이 모여지듯 파라슈트를 다 함께 접는다.
- 파라슈트 테두리를 잡고 친구들이 "까꿍~" 하고 말하며 펼친다.
- 파라슈트 테두리를 잡고 있는 친구들이 앉아 있는 친구를 향하여 파라슈트를 흔들며 "또 다시 만났네, 잘 기다렸어. 축하해" 반기며 말을 한다.
- 파라슈트를 흔든 친구들은 잘 참고 기다려준 친구에게 다가가 안아준다.

놀이 풍경

까꿍~!
내가 세상에서
가장 웃긴 표정이지?

안녕~! 하고 말하면서
접어보자.

또 다시 만났네.
잘 기다렸어~
축하해.

너희들이 안아주니까
기분이 너무 좋아졌어.
고마워.

한 걸음 놀이

아이들은 엄마와 한 걸음 떨어져서 교실로 오기까지의 과정이 먼 여행을 떠나는 것처럼 슬프고 어렵습니다. 한 걸음, 한 걸음 떼는 과정을 놀이를 통해 표현해보면서 엄마와의 분리불안을 극복할 수 있습니다.

놀이 도구

활동 자료('안녕', '다시 만나'를 붙인 블록. 아래 제시된 종이를 잘라 블록에 붙인 것 각 1개씩)

놀이 즐기기

- 아이들과 '안녕', '다시 만나' 블록을 살펴보며 어떻게 놀이할지 이야기해본다.
- 한 명의 아이가 '안녕' 블록과 '다시 만나' 블록을 양손에 한 개씩 들고 서 있는다.
    - 처음에 아이가 블록을 들고 있는 것을 어려워하면 교사가 놀이에 참가하여 블록을 들고 서 있는다.
- 다른 아이들은 반대편에 한 줄로 길게 선다.
- '안녕' 블록을 올리면 아이들은 손을 흔들면서 한 걸음 뒤로 움직인다.
- '다시 만나' 블록을 올리면 아이들은 한 걸음 앞으로 움직인다.
- 한 줄, 원 등 다양한 대형으로 서서 놀이해본다.
- 놀이가 익숙해지면 자유놀이 시간에 아이들끼리 놀이할 수 있도록 활동 자료를 비치해둔다.

놀이 풍경

'안녕'
뒤로 한 걸음 가야지.

'다시 만나'
앞으로 한 걸음.

동그랗게 손을 잡고 해보자.
안녕. 같이 뒤로 가자.

왔다 갔다 하니까
재미있다.

모두 사이좋게 지내요

허아성 글·그림, 길벗어린이

『끼리끼리 코끼리』는 모든 것을 수용하는 반 편견 관련 그림책입니다. 모습, 외모, 장애 등 겉모습이 달라도 모두 코끼리니까 같이 놀이합니다. 함께 놀고 싶었던 한 아이가 코끼리 옷을 입고 마음만 코끼리여도 같이 놀 수 있냐고 묻자 당연히 같이 놀 수 있다고 말합니다. 아이들에게 '사이좋게 지내라'고 말하는 것보다 함께 어울려 노는 방법을 알려주는 책입니다.

"너랑 안 놀아" "우리 ○○이랑 놀지 말자" 등의 말을 하는 아이들은 친구 관계에 예민하게 반응하기도 합니다. "쟤는 키가 작아" "저 아이는 너무 커" 등 자신과 다르면 배제하고 같이 놀지 않는 경우도 꽤 많이 있습니다. 반대로 색깔이 비슷한 옷만 입어도 "우리 오늘 커플이네" 하면서 좋아하는 친구도 많이 있습니다.

친구란 함께 있기만 해도 좋은 것입니다. 서로 마음을 나누고 함께 뛰어놀고 때로는 싸우기도 하고 그런 게 친구이지요. 아이들이 함께 생활을 하면서 편을 너무 가르지 않고 모두 사이좋게 지낼 수 있도록 도와주는 놀이를 소개합니다.

그림책 펼치기

- 그림책을 보며 이야기를 나눈다.
  "어떤 코끼리들이 나왔나요?"
  "여러 코끼리의 모습을 몸으로 표현해볼까요?"
- 나와 생김새가 다르다고 같이 놀지 않는다면 기분이 어떨지 이야기해본다.
- 그림책에서 나오는 놀이들을 경험해본다.
  "어떤 놀이가 있었나요?"
  "이 놀이를 해보니 어떤 기분이 들었나요?"

놀이 똑! 똑!

『끼리끼리 코끼리』에는 아이들의 눈에 매력적인 그림과 글이 많습니다. 또한 반복되는 글자가 많아서 쉽게 따라 읽을 수 있는 책이므로 교사가 리듬이나 추임새를 넣어서 읽어주면 더 재미있습니다.

다양한 코끼리의 모습을 표현할 때 소극적인 아이들은 몸으로 표현하는 것을 어려워합니다. 이때 교사가 공동놀이자로 참여하여 즐겁게 놀이하다 보면 아이도 자연스럽게 참여하게 됩니다. 그러므로 교사는 시간이 걸리더라도 아이 스스로 놀이에 참여할 수 있도록 기다려줍니다.

모두 모여라

책 속의 코끼리는 모두 다 친구가 됩니다. 아이들도 친구와 함께 놀이하면서 금세 사이가 좋아집니다. 놀이를 하면서 아이들은 또 다른 놀이들을 찾아냅니다. 이런 과정을 통해 아이들은 즐거움을 느끼고 협력하는 방법도 알게 됩니다.

놀이 도구

호루라기, 숫자 카드 또는 손가락, 신나는 음악

놀이 즐기기

- 신나는 음악에 맞춰 즐겁게 모두 춤을 추다가 호루라기로 신호를 하면 멈춘다.
- 제시된 숫자를 듣고 숫자에 맞춰 모인다.
- 숫자에 맞춰 모이면 아이들이 정한 미션을 수행한다.
  "두 명씩 모여서 박수쳐보아요. 등을 기대어 보아요. 엉덩이를 쳐 보아요."
  "세 명씩 모여서 안아 주세요."
  "네 명씩 모여서 손뼉 쳐보아요. 노래를 불러주세요."
  "마음만 코끼리인 친구들 모두 모여라~!"
  "마음이 예쁜 친구들 모두 모여서 함께 손잡고 옆으로 뛰어보자."
  "모두 모여 신나게 춤춰보자."
- 동그랗게 원이 되었을 때 한 명씩 돌아가면서 자신이 생각하는 코끼리의 모습을 하고 그 모습을 같이 따라 해본다.
  (자리에 앉으며) "나는 키가 작은 코끼리야. 사이좋게 놀자."
  (한쪽 귀를 손으로 가리며) "나는 한쪽 귀가 없는 코끼리야. 우리 같이 놀자."

놀이 풍경

다 함께 동그랗게 모여서 옆으로 뛰어보자.

나처럼 신나게 춤춰 봐. 끼리끼리 코끼리~

세 명씩 모여서 안아보니 너무 재밌다.

나는 코가 긴 코끼리야. 나 따라 해봐.

모두 모여 줄 놀이터

　책 속의 코끼리처럼 아이들도 줄을 가지고 다양하게 노는 것을 좋아합니다. 처음에는 줄을 가지고 넘어보다가 점차 의자나 블록에 줄을 끼워서 줄 놀이를 하기도 합니다. 줄 놀이가 더 확장될 수 있도록 책상을 뒤집어 놓았더니 아이들은 누구라고 할 것 없이 모두 모여서 줄을 연결하여 재미있는 줄 놀이터를 만듭니다.

놀이 도구
두꺼운 흰 고무줄, 책상다리에 끼울 수 있는 고무줄, 긴 다리 책상

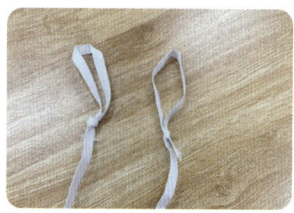

놀이 즐기기
- 고무줄을 아이들에게 제시하며 어떤 놀이를 할 수 있을지 이야기 나눈다.
- 3명씩 고무줄을 가지고 놀이해본다.
- 모두 모여 함께 줄 놀이를 해본다.
- 책상을 뒤집어서 가운데에 모은다.
- 책상다리에 고무줄 고리를 아이들이 끼운다.
- 여기저기 끼워진 고무줄을 가지고 자유롭게 놀이한다.
- 다치지 않도록 사전에 안전 약속을 정한다.
    "책상다리가 뾰족해서 다치지 않을까 걱정이 되는데 어떻게 하면 좋을까요?"

놀이 풍경

> 세 명이서 줄을 넘어보는 놀이 하자.

> 얘들아, 여기 모두 다 들어와. 같이 기차놀이 하자.

> 여기 끼워서 고무줄 놀이터 만들어야지.

> 거미줄이 닿지 않게 조심조심 넘을 거야.

친구와 함께

케라스코에트 지음, 웅진주니어

바네사는 피부색이 검은 아이입니다. 같은 반 아이들은 바네사를 멀리하고 같이 어울리지 않습니다. 수업시간에도 하교 시간에도 혼자 있는 바네사! 그런데 바네사를 걱정스럽게 바라보는 한 친구가 있습니다. 밤새 잠을 이루지 못한 친구는 다음 날 아침 바네사의 집으로 찾아갑니다. 손잡고 가는 두 아이는 어느새 세 명, 네 명의 친구와 함께 학교에 갑니다.

내 마음에 들지 않아서, 친구의 외모가 싫어서, 장난으로 그냥 "○○랑 놀지 마!"라고 말하며 따돌리는 아이들! 서로의 차이를 인정하지 않고 공감하지 않는 마음 때문에 이런 행동을 합니다. 이 시기의 아이들은 친구를 심각할 정도로 따돌리지는 않지만 "난 ○○가 싫은데…", "○○는 못생겨서 같이 놀기 싫어" 등의 말을 하거나 친구의 말 무시하기, 친구가 다가올 때 피하기 등의 행동을 보입니다.

작은 행동 하나가 친구에게 마음의 상처를 줄 수도 있고, 행복을 줄 수도 있습니다. 친구에게 먼저 손을 내밀 수 있는 용기! 나와 다름을 인정하고 어울릴 수 있는 마음! 우리 아이들에게도 가득해질 것입니다.

그림책 펼치기

- 그림책 속의 혼자 놀이하는 모습의 일부분만 보여준다.
  "어떤 모습일 것 같나요?"
  "(전체 그림을 보여준 후) 그림 속 주인공은 왜 혼자 놀까요?"
  "친구들은 왜 같이 안 놀까요?"

- 제목을 보며 이야기 나눈다.
  "여러분은 '혼자가 아니야'라는 말을 들어본 적이 있나요?"
  "우리는 언제 '혼자가 아니야'라는 말을 할까요?"

- 친구와 함께하는 놀이에 대한 자신의 생각을 말한다.
  "여러 명의 친구와 어떤 놀이를 해봤나요?"
  "여러 명의 친구와 어떤 놀이를 하고 싶나요?"
  "여러 명의 친구와 함께 놀이하면서 어떤 점이 좋았나요(불편했나요)?"
  "만약 같이 놀이를 못 하는 친구가 있다면 어떻게 해야 할까요?"
  "만약 친구가 나에게 같이 놀자고 말하지 않는다면 어떻게 해야 할까요?"

놀이 똑! 똑!

자기 의지로 혼자 놀이하는 아이도 있지만, 아직 친구 사귀는 방법을 모르거나 소극적인 성향으로 혼자 놀이하는 아이도 있습니다. 따라서 처음부터 많은 인원수의 아이가 하는 놀이보다는 두 명씩 짝을 이루어 할 수 있는 놀이를 합니다. 이후 점차 많은 친구와 함께하는 놀이를 통해 협력과 배려의 마음도 기르게 됩니다. 이때 교사는 아이들이 놀이를 하는 중에 갈등이 생겨도 스스로 해결할 수 있도록 기다려줍니다.

왔다 갔다 비눗방울

친구와 짝이 되어 비눗방울을 릴레이로 주고받는 놀이입니다. 유아들은 비눗방울이 터지지 않게 하기 위해서 입으로 부는 힘을 조절해보면서 비눗방울이 터지지 않게 하는 방법을 찾게 됩니다. 또한 비눗방울은 쉽게 만들 수 있다 보니 친구가 실수해도 이해하는 마음을 기르게 됩니다.

놀이 도구
비눗방울 액체, 빨대

놀이 즐기기
- 실외로 이동한다.
- 비눗방울 놀이를 할 때 지켜야 할 약속을 알아본다.
  - 비눗물 쏟지 않기
  - 친구 얼굴에 불지 않기
  - 비눗물을 입에 넣지 않기 등
- 두 명씩 짝을 이룬다.
- 누가 먼저 할지 순서를 정한다.
- 첫 번째 아이가 비눗방울을 불면 두 번째 아이는 친구가 분 비눗방울을 자신의 빨대로 잡는다.
- 두 번째 아이가 빨대로 잡은 비눗방울을 다시 불면 첫 번째 아이가 빨대로 잡는다.
- 릴레이로 비눗방울을 몇 번이나 주고받는지 세어본다.

놀이 풍경

비눗방울이 날아가. 잡아봐!

터지지 않게 빨대로 잡아야 돼.

네가 준 걸 내가 다시 불게. 잘 잡아봐.

그럼 네가 분 걸 내가 잘 잡을게.

둘이 하는 악기 연주

친구와 짝이 되어 악기를 연주하는 놀이입니다. 악기의 올바른 사용법을 알게 되며, 음악에 맞춰 즐거운 마음으로 연주할 수 있게 됩니다. 또한, 친구와 함께 연주하면서 협력하는 마음을 기르게 됩니다.

놀이 도구

짝이 되는 악기(심벌즈, 리듬막대, 우드블록, 탬버린 등), 음악 CD

놀이 즐기기

- 동그랗게 앉아 음악을 감상한다.
- 두 명씩 짝을 이룬 다음 원하는 악기를 정한다.
- 팀끼리 악기를 어떻게 연주할지 정한다.
- 악기 연주를 할 때 지켜야 할 약속을 정한다.
  - 자신의 팀 악기 연주 소리가 다른 팀 악기 소리에 방해되지 않도록 크게 치지 않기
  - 서로 악기를 한 짝씩 잡고 마주쳤을 때 다치지 않게 조심하기
  - 악기를 중간에 떨어뜨리지 않도록 바르게 잡기 등
- 음악에 맞춰 두 명이 협력하여 악기를 연주한다.
  - 이때 한 손은 서로 잡고, 나머지 한 손에 각자 악기를 들고 연주한다.
    - 심벌즈 - 심벌즈 한 짝씩 잡고 연주하기
    - 우드블록 - 한 사람은 우드블록을, 한 사람은 채를 잡고 연주하기
    - 탬버린 - 한 사람은 탬버린을 잡고 한 사람은 손으로 탬버린 치기
    - 리듬막대 - 각자 리듬막대 한 개씩 잡고 서로 부딪쳐 연주하기 등

놀이 풍경

음악을 들으니까 기분이 즐거워~

친구야! 우리 어떤 악기를 연주할까?

우리 어떻게 연주할까?

친구야, 우리 같이 신나게 연주하자!

함께 만드는 놀이터

여러 가지 물건을 이용해 친구와 협력하여 놀이터를 만드는 놀이입니다. 같이 의논하고 그 과정에서 발견한 문제점을 수정하면서 완성한 놀이터는 아이들에게 최고의 놀이 공간이 됩니다.

놀이 도구
의자, 빈 상자, 삼각뿔, 훌라후프 등

놀이 즐기기
- 제시된 도구를 탐색한다.
- 친구와 함께 어떤 놀이터를 만들지 의논한다.
- 모둠별로 협력하여 제시된 도구를 이용해 놀이터를 만든다.
- 교사는 유아가 만드는 걸 보면서 안전에 유의할 수 있도록 안내한다.
- 만드는 과정에서 나온 문제점은 다시 의논하여 만든다.
  - 유아들이 자유롭게 의논하여 놀이터를 만들고, 발견된 문제점은 스스로 해결할 수 있도록 기회를 준다.
- 놀이터를 완성한 후, 모둠별로 만든 놀이터 앞에 앉는다.
- 첫 번째 모둠부터 완성된 놀이터를 다른 모둠 친구들에게 소개한다.
- 완성된 놀이터에서 직접 놀이를 한다.
- 모둠별로 만든 놀이터의 좋은 점과 불편한 점에 대해 이야기 나눈다.

놀이 풍경

상자 뚜껑이 열려!

의자를 다 같이 옮기자!

의자를 겹쳐서 놓아볼까?

우리가 만든 놀이터에서 신나게 놀자!

나가며

그림책은 아이들에게 좋은 친구이자, 선생님이자, 현재와 상상을 넘나들 수 있는 매개체입니다. 또한 그림책에는 볼거리와 느낄 거리, 표현할 거리가 풍부합니다. 그림책은 아이들의 놀이에 풍성한 아이디어를 제공해줍니다. 그림책과 놀이가 만나면 각 매개체가 가지는 시너지가 배가 되어 놀이 경험이 더 풍성해집니다. 아이들은 놀이에서 배움을 발견하고 미래를 꿈꿉니다.

'어떻게 하면 그림책으로 재미있는 놀이를 할 수 있지?' 그림책에서 놀이를 생각해내고 연결해가는 과정이 어렵게 느껴질 수 있습니다. 그동안 그림책을 활용하여 주로 이야기 나누기, 동극, 소품 만들기 등의 활동이 많았습니다. 때론 쉽지 않을 때도 있지만, 아이들과의 소통을 통해 위의 활동뿐만 아니라 그림책과 연결하여 다양한 놀이를 만들어낼 수 있습니다. 자유롭고 허용적인 분위기에서 아이들의 생각이 그림책 세상 밖으로 나와 살아있는 놀이 세상이 만들어집니다. 왜냐하면 아이들은 그림책 속의 상상, 재미를 느끼며 스스로 놀이를 만들어갈 수 있는 힘이 있기 때문입니다.

교사는 따뜻한 시선과 귀 기울임으로 아이들의 놀이를 따라가면서 놀이 속에서 펼쳐지는 다양한 경험을 읽어낼 수 있습니다. 매일 매일 놀이에서 즐거움을 느끼는 아이들, '오늘 아이들과 뭐하고 놀지?' 고민하는 부모님과 선생님들 모두가 그림책을 읽으면서 놀이 아이디어를 찾을 수 있습니다. 그리고 어른들이 가지고 있는 경험과 배경지식으로 아이들에게 다양한 놀 거리를 지원할 수 있습니다.

아이들은 교사와의 관계 속에서 성장하고 배움의 깊이를 더해갑니다. 그러므로 교사가 먼저 그림책 읽기를 통해 고단한 삶이 치유되고 한 박자 쉬어갈 수 있는 마음의 여유를 갖길 바랍니다. 여러 가지 시행착오를 겪을 수도 있지만, 그림책이 일상의 놀이와 자연스럽게 연결되어 다양한 놀이를 발견하고 즐겁게 놀이할 수 있습니다.

그림책 놀이는 교사에게는 마음의 쉼표를 주고, 아이들에게는 다양한 놀이를 발견할 수 있는 보물 지도가 될 것입니다. 따라서 유아 중심, 놀이 중심이 강조되고 있는 이 시기에 맞물려 아이들과 어떻게 놀아주어야 할지 고민이 많은 교사와 학부모에게 이 책이 작은 도움이 되면 좋겠습니다.

유치원 학급운영 어떻게 할까?

뿌리 깊은 유치원 교사 연구회 지음

유치원 학급운영을 고민하는 교사들에게 교실 환경 구성에서 모둠 운영까지, 등원 지도에서 귀가 지도까지, 문제해결을 위한 기술에서 학부모 상담까지 학급운영을 위한 모든 것을 알려준다.

놀이중심 교육과정

정나라, 정유진 지음

유아의 놀이를 지원해줄 수 있는 연간, 월간, 주간교육계획 수록! 실제 사례로 살펴보는 놀이중심 교육과정의 의미와 궁금증에 대한 해답, 놀이 속 교사의 역할과 기록을 담았다.

놀이중심 교육과정 119

정유진, 정나라 지음

유아·놀이중심 교육과정에 대한 이해를 돕도록 생생한 사례들을 담았다. 현장의 '진짜' 고민을 가득 담은 내용에 공감하고, 더 나은 위한 방향에 대해 제고할 수 있는 단초를 제공한다.

놀이로 풀어보는 유치원 학급운영

정유진, 정나라 지음

'황금의 5주' 3월을 위한 놀이 중심 학급운영부터 기본생활습관 지도를 위한 다양한 활동과 팁, 친밀감을 높이는 관계형성놀이까지, 그리고 3월이 시작되기 전 교사의 마음가짐과 준비할 것들을 소개한다.

그림책, 교사의 삶으로 다가오다

김준호 지음

삶에 지쳐 힘들 때 그림책을 펼쳐보자. 그림책은 삶에 지친 우리의 마음에 지금 충분히 잘하고 있다고, 억지로 무엇을 더 할 필요가 없다고 위로와 위안을 건네줄 것이다.

교사, 여행에서 나를 찾다 (2019 세종도서 교양부문)

차승민 지음

유치원 학급운영을 고민하는 교사들에게 교실 환경 구성에서 모둠 운영까지, 등원 지도에서 귀가 지도까지, 문제해결을 위한 기술에서 학부모 상담까지 학급운영을 위한 모든 것을 알려준다.